अनामिका

साहित्य अकादेमी पुरस्कार से पुरस्कृत कवि अनामिका का जन्म 17 अगस्त, 1961 को मुज़फ़्फ़रपुर, बिहार में हुआ। वे दिल्ली विश्वविद्यालय में अंग्रेज़ी की प्रोफ़ेसर हैं। उनकी पुरस्कृत और देश-दुनिया की बहुतेरी भाषाओं में अनूदित प्रमुख कृतियाँ हैं—*बीजाक्षर, अनुष्टुप, कविता में औरत, खुरदुरी हथेलियाँ, दूब-धान, टोकरी में दिगन्त, पानी को सब याद था, बन्द रास्तों का सफ़र, My Typewriter is My Piano, Vaishali Corridors* (कविता-संकलन); *अवान्तर कथा, दस द्वारे का पींजरा, तिनका-तिनके पास, आईनासाज़* (उपन्यास); *स्त्रीत्व का मानचित्र, स्वाधीनता का स्त्री-पक्ष, त्रिया चरित्रं : उत्तरकांड, स्त्री मुक्ति : साझा चूल्हा, स्त्री-मुक्ति की सामाजिकी : मध्यकालीन और नवजागरण, Feminist Poetics : Where Kingfishers Catch Fire, Donne Criticism Down the Ages, Treatment of Love and War in Post-War Women Poets, Proto-Feminist Hindi-Urdu World (1920-1964), Translating Racial Memory, Hindi Literature Today* आदि (आलोचना)।

ई-मेल : anamikapoetry@gmail.com

खुरदुरी हथेलियाँ

अनामिका

राधाकृष्ण पेपरबैक्स

पहला पुस्तकालय संस्करण
राधाकृष्ण प्रकाशन प्राइवेट लिमिटेड द्वारा
2005 में प्रकाशित

राधाकृष्ण पेपरबैक्स में
पहला संस्करण : 2024

राधाकृष्ण पेपरबैक्स : उत्कृष्ट साहित्य के जनसुलभ संस्करण

राधाकृष्ण प्रकाशन प्राइवेट लिमिटेड
जी-17, जगतपुरी, दिल्ली-110 051
द्वारा प्रकाशित

शाखाएँ : अशोक राजपथ, साइंस कॉलेज के सामने, पटना-800 006
पहली मंजिल, दरबारी बिल्डिंग, महात्मा गांधी मार्ग, प्रयागराज-211 001
1, अनमोल सोराबजी संतुक लेन, धोबी तलाव, मरीन लाइंस, मुम्बई-400 002
वेबसाइट : www.radhakrishnaprakashan.com
ई-मेल : info@radhakrishnaprakashan.com

बी.के. ऑफसेट
नवीन शाहदरा, दिल्ली-110 032
द्वारा मुद्रित

मूल्य : ₹250

KHURDURI HATHELIYAN
Poems by Anamika

ISBN : 978-81-19989-51-5

मीनाक्षी मुखर्जी, अम्बई, ऋतु मेनन,
उमा चक्रवर्ती, कुंकुम संगारी,
पुष्पा भावे, रश्मि दुरैस्वामी,
मनीषा और
उन सबके लिए
जिनकी प्रतिबद्ध रचनाधर्मिता
मेरी मड़ई में
मणिदीप रख गई

खुरदुरी हथेलियाँ

अनुक्रम

अन्तःपुरम्

दुधकट्टू

कुछ अटपटी प्रेम कविताएँ

आजादी

मुसलमान क्या होते हैं, अम्मा

तोस-भरोस

अन्तःपुरम्

स्त्रियाँ

पढ़ा गया हमको
जैसे पढ़ा जाता है कागज
बच्चों की फटी कॉपियों का
चनाजोरगरम के लिफाफे बनाने के पहले !
देखा गया हमको
जैसे कि कुफ्त हो उनींदे
देखी जाती है कलाई घड़ी
अलस्सुबह अलार्म बजने के बाद !

सुना गया हमको
यों ही उड़ते मन से
जैसे सुने जाते हैं फिल्मी गाने

सस्ते कैसेटों पर
ठसाठस्स ठुँसी हुई बस में !

भोगा गया हमको
बहुत दूर के रिश्तेदारों के
दुख की तरह !
एक दिन हमने कहा
हम भी इंसान हैं—
हमें कायदे से पढ़ो एक-एक अक्षर
जैसे पढ़ा होगा बीए के बाद

नौकरी का पहला विज्ञापन !

देखो तो ऐसे
जैसे कि ठिठुरते हुए देखी जाती है
बहुत दूर जलती हुई आग !

सुनो हमें अनहद की तरह
और समझो जैसे समझी जाती है
नई-नई सीखी हुई भाषा !

इतना सुनना था कि अधर में लटकती हुई
एक अदृश्य टहनी से
टिड्डियाँ उड़ीं और रंगीन अफवाहें
चीखती हुई चीं-चीं
'दुश्चरित्र महिलाएँ, दुश्चरित्र
महिलाएँ–
किन्हीं सरपरस्तों के दम पर फूली-फैली
अगरधत्त जंगली लताएँ !
खाती-पीती, सुख से ऊबी
और बेकार बेचैन, आवारा महिलाओं
का ही
शगल हैं ये कहानियाँ और कविताएँ...।
फिर ये उन्होंने थोड़े ही लिखी हैं
(कनखियाँ, इशारे, फिर कनखी)
बाकी कहानी बस कनखी है।
हे परमपिताओ,
परमपुरुषो–
बख्शो, बख्शो, अब हमें बख्शो !

बेजगह

"अपनी जगह से गिरकर
कहीं के नहीं रहते
केश, औरतें और नाखून"–
अन्वय करते थे किसी श्लोक का ऐसे
हमारे संस्कृत टीचर।
और मारे डर के जम जाती थीं
हम लड़कियाँ
अपनी जगह पर !

जगह ? जगह क्या होती है ?
यह, वैसे, जान लिया था हमने
अपनी पहली कक्षा में ही !
        याद था हमें एक-एक अक्षर
        आरम्भिक पाठों का–
                "राम, पाठशाला जा !
                राधा, खाना पका !
                राम, आ बताशा खा !
                राधा, झाड़ू लगा !
                भैया अब सोएगा,
                जाकर बिस्तर बिछा !
                अहा, नया घर है !
                राम, देख, यह तेरा कमरा है !
                "और मेरा ?"
                "ओ पगली,

लड़कियाँ हवा, धूप, मिट्टी होती हैं
उनका कोई घर नहीं होता !"

जिनका कोई घर नहीं होता–
उनकी होती है भला कौन-सी जगह ?
कौन-सी जगह होती है ऐसी
जो छूट जाने पर
औरत हो जाती है
कटे हुए नाखूनों,
कंघी में फँसकर बाहर आए केशों-सी
एकदम से बुहार दी जानेवाली ?

घर छूटे, दर छूटे, छूट गए लोग-बाग,
कुछ प्रश्न पीछे पड़े थे, वे भी छूटे !
छूटती गई जगहें।

परम्परा से छूटकर बस यह लगता है–
किसी बड़े क्लासिक से
पासकोर्स बीए के प्रश्नपत्र पर छिटकी
छोटी-सी पंक्ति हूँ–
चाहती नहीं लेकिन
कोई करने बैठे
मेरी व्याख्या सप्रसंग !

सारे सन्दर्भों के पार
मुश्किल से उड़कर पहुँची हूँ,
ऐसे ही समझी-पढ़ी जाऊँ
जैसे
अधूरा अभंग !*

---

* तुकाराम के 'अभंग' मन में थे।

काजल

मैंने नानी को कहीं देखा,
पर मुझको कुछ लोग ऐसे मिले कि
याद आ गई नानी !
नानी मेरी बड़े उद्योग से
काजल पारा करती थी !
सातों सन्तानों की सात तरह की आँखें
और एक चन्दा मामा का दिठौना–
नजर-गुजर से तो बचाना था !
और खुली रखनी थीं
मौत की थपकी पर
झिपी चली जाती अपनी आँखें !

एक बड़ा मोखा था घर में
जिसमें अरण्डी का तेल डालकर
आयोजनपूर्वक जलाया जाता था दीया,
दीये की लौ पर उलटकर
ऐसे अन्दाज से टिकाया जाता था कजरौटा
कि दोनों का काम चलता रहे–
न धुआँ छितराए, न दीया बुझे !

फिर जौ-बराबर फिटकिरी
गरम तवे पर डाली जाती थी
और रोने की तैयारी में जैसे
मुँह बिदोड़ लेते हैं बच्चे,
गरम तवे पर बैठते ही

फिटकिरी पेट फुला लेती थी;
भर जाती थी उसमें गरम हवा !
यह मजेदार दृश्य होता था
बुरक-बुरककर वह उसके बाद
भंगरैया के रस में घोली जाती थी,
यह रस तब पसिनाई कालिख को
रुई के फाहे में डुबा-डुबाकर
ऐसे पिलाया जाता था
जैसे कि दूध
खरगोश के बच्चे को—
खरगोश-माँ के मर जाने के बाद !

देखो तो मुझको—
रहती हूँ काजल की ही कोठरी में,
पर काजल पारना नहीं जानती !
आँखों में बसकर मैं भी काजल हो जाती,
माथे पर चढ़कर दिठौना—
नहीं बसी, नहीं चढ़ी—नहीं सही,
खुश हूँ मैं मोखे की दीवारों पर भी,
जानती हूँ इतना—
काल की दीठ में
काजल की धार-सी सजूँगी मैं
कभी-न-कभी !

फर्नीचर

मैं उनको रोज झाड़ती हूँ
पर वे ही हैं इस पूरे घर में
जो मुझको कभी नहीं झाड़ते !
रात को जब सब सो जाते हैं–
अपने इन बरफाते पाँवों पर
आयोडिन मलती हुई सोचती हूँ मैं–
किसी जनम में मेरे प्रेमी रहे होंगे फर्नीचर,
कठुआ गये होंगे किसी शाप से ये !
मैं झाड़ने के बहाने जो छूती हूँ इनको,
आँसुओं से या पसीने से लतपथ–
    इनकी गोदी में छुपाती हूँ सर–
एक दिन फिर से जी उठेंगे ये !
थोड़े-थोड़े-से तो जी भी उठे हैं।
गई रात चूँ-चूँ-चूँ करते हैं :
ये शायद इनका चिड़िया का जनम है,
कभी आदमी भी हो जाएँगे !
जब आदमी ये हो जाएँगे,
मेरा रिश्ता इनसे हो जाएगा क्या
वो ही वाला
जो धूल से झाड़न का ?

अन्त्याक्षरी

एक दिन जादू हुआ,
मुझे मिला थोड़ा-सा एकान्त !
पहले तो मैंने सीटी बजाई,
फिर खेली खुद से अन्त्याक्षरी
सब पुराने गानों की !
खुद को ही दो हिस्सों में चीरकर खेली ऐसे–
अपना प्रतिपक्ष खुद हुई !
अब किसी से हारते ही चले जाने की
कोई गुंजाइश बची नहीं !
अहमन्यता की यह पराकाष्ठा थी–
कोई भी हिस्सा मेरा जीतता–
जीतती मैं ही !
इस तरह मैं पहली बार
लीलाधर, नटनागर, ईश्वर हुई
और जाना पहली बार–
'चित भी मेरी, पट भी मेरी' का
हेहर उल्लास !

मौसियाँ

वे बारिश में धूप की तरह आती हैं–
थोड़े समय के लिए और अचानक !
हाथ के बुने स्वेटर, इन्द्रधनुष, तिल के लड्डू
        और सधोर की साड़ी लेकर
        वे आती हैं झूला झुलाने
        पहली मितली की खबर पाकर
        और गर्भ सहलाकर
                लेती हैं अन्तरिम रपट
        गृहचक्र, बिस्तर और खुदरा उदासियों की !
झाड़ती हैं जाले, सँभालती हैं बक्से,
मेहनत से सुलझाती हैं भीतर तक उलझे बाल,
कर देती हैं चोटी-पाटी
और डाँटती भी जाती हैं कि पगली तू,
        किस धुन में रहती है जो
        बालों की गाँठें भी तुझसे
        ठीक से निकलती नहीं।
बाल के बहाने वे गाँठें सुलझाती हैं जीवन की !
करती हैं परिहास, सुनाती हैं किस्से
और फिर हँसती-हँसाती
दबी-सधी आवाज में
बताती जाती हैं

चटनी-अचार-मूँगबड़ियाँ और बेस्वाद सम्बन्ध

चटपटा बनाने के गुप्त मसाले और नुस्खे—
सारी उन तकलीफों के जिन पर
ध्यान भी नहीं जाता औरों का।
आँखों के नीचे धीरे-धीरे
जिसके पसर जाते हैं साये
और गर्भ से रिसते हैं जो महीनों चुपचाप—
खून से आँसू-से,
पचपन के आसपास के अकेलेपन के
काले-कत्थई उन चकत्तों का
मौसियों के वैद्यक में
एक ही इलाज है—
हँसी और कालीपूजा और पूरे मोहल्ले की
अम्मागिरी।

बीसवीं शती की कूड़ागाड़ी
लेती गई खेत से कोड़कर अपने
जीवन की कुछ जरूरी चीजें—
जैसे मौसीपन, बुआपन,
चाचीपंथी और अम्मागिरी मग्न
सारे भुवन की।

छप्पर की मालाएँ

चिमनियाँ, छप्पर और बोरसियाँ
इक्कट-दुक्कट खेलने आती हैं
दादी के सपनों में।
धुआँ कहीं जाता नहीं,
उमड़-घुमड़ रह जाता है घर में
बिस्तर के नीचे,
रिश्तों के बीच।
सूखे हुए फूल, ठोंगे प्रसाद के,
मालाएँ और ऐसी सारी चीजें जिन पर
झाड़ू लगाना
माना जाता था निषिद्ध,
ऐसे निशाने से वे उछाल दी
जाती थीं
कि छत पर जा अटकें—
सूखें वहीं, फिर हो जाएँ वहीं
तत्त्व-लीन।
देखती हूँ जब भी दादी को—
छप्पर पर एक ओर अटकाकर
छोड़ी गई फूल मालाएँ
आती हैं याद।
सोचती हूँ, जब मेरे आएँगे—
छप्पर पर सूखने के दिन,
मैं तो उदास नहीं लेटूँगी !

छप्पर के कौओं से ही
कर लूँगी दोस्ती,
काक भुशुंडी की कथाएँ सुनूँगी–
जयन्त कौए का पूछूँगी हाल-चाल
और एक दिन किसी मनपसन्द
कौए के
पंखों पर उड़ जाऊँगी–
सारी हद-बेहद के पार।
कर्कश गाते हैं तो क्या
छत पर आते तो हैं रोज़-रोज़,
सिर्फ बहार के दिनों के नहीं होते
साथी।
कोयलनुमा बड़े आर्टिस्टों का
आखिर क्या करना–
छोटी बजट की फिल्मों और ज़िन्दगियों में
मुस्कुराकर
गेस्ट-अपियरेंस जो देते हैं
कभी-कभी।

एक औरत का पहला राजकीय प्रवास

वह होटल के कमरे में दाखिल हुई !
अपने अकेलेपन से उसने
बड़ी गर्मजोशी के साथ हाथ मिलाया !
कमरे में अँधेरा था।
घुप्प अँधेरा था कुएँ का
उसके भीतर भी !
सारी दीवारें टटोलीं अँधेरे में,
लेकिन 'स्विच' कहीं नहीं था !
पूरा खुला था दरवाजा,
बरामदे की रोशनी से ही काम चल रहा था !
सामने से गुजरा जो 'बेयरा' तो
आर्त्तभाव से उसे देखा !
उसने उलझन समझी और
बाहर खड़े-ही-खड़े
दरवाजा बन्द कर दिया !
जैसे ही दरवाज़ा बन्द हुआ,
बल्बों में रोशनी के खिल गए सहस्रदल कमल !
"भला बन्द होने से रोशनी का क्या है रिश्ता ?"
उसने सोचा।
डनलप पर लेटी,
चटाई चुभी घर की
अन्दर कहीं—रीढ़ के भीतर !
तो क्या एक राजकुमारी ही होती है हर औरत ?

सात गलीचों के भीतर भी
उसको चुभ जाता है
कोई मटरदाना
आदिम स्मृतियों का ?

पढ़ने को बहुत-कुछ धरा था,
पर उसने बाँची टेलीफोन तालिका
और जानना चाहा
अन्तर्राष्ट्रीय दूरभाष का
ठीक-ठाक खर्चा।

फिर अपनी सब डॉलरें खर्च करके
उसने किए तीन अलग-अलग कॉल !

सबसे पहले अपने बच्चे से कहा–
"हलो-हलो, बेटे–
पैकिंग के वक्त...सूटकेस में ही तुम ऊँघ गए थे कैसे...
सबसे ज्यादा याद आ रही है तुम्हारी–
तुम हो मेरे सबसे प्यारे !"

अन्तिम दोनों पंक्तियाँ अलग-अलग उसने कहीं
ऑफिस में खिन्न बैठ अंट-शंट सोचते अपने प्रिय से,
फिर चौके में चिन्तित, बर्तन खटकती अपनी माँ से !

...अब उसकी हुई गिरफ्तारी।
पेशी हुई ख़ुदा के सामने
कि इसी एक जुबाँ से उसने
तीन-तीन लोगों से कैसे यह कहा–
"सबसे ज्यादा तुम हो प्यारे !" यह तो सरासर है धोखा–
सबसे ज्यादा माने सबसे ज्यादा !
लेकिन ख़ुदा ने कलम रख दी,
और कहा–"औरत है, उसने यह गलत नहीं कहा।"

पतिव्रता

जैसे कि अंग्रेजी राज में सूरज नहीं डूबता था,
इनके घर में भी लगातार
दकदक करती थी
एक चिलचिलाहट।
स्वामी जहाँ नहीं भी होते थे—
होते थे उनके वहाँ पंजे,
मुहर, तौलिए, डंडे,
स्टैंप-पेपर, चप्पल-जूते,
हिचकियाँ-डकारें-खर्राटे
और त्योरियाँ-धमकियाँ-गालियाँ खचाखच।
घर में घुसते ही
जोर से दहाड़ते थे मालिक और एक ही डाँट पर
एकदम पट्ट
लेट जाती थीं वे
दम साधकर,
जैसे कि भालू के आते ही
लेट गया था
रूसी लोककथा का आदमी
सोचता हुआ कि मर लेते हैं कुछ देर,
मरे हुए को भालू और नहीं मारेगा।
एक दिन किसी ने कहा—
'कह गए हैं जूलियस सीजर
कि बहादुर मरता है केवल एक बार,

कायर ही करते हैं,
बार-बार मरने का कारबार।
जब तुमने ऐसी कुछ गलती नहीं की,
फिर तुम यों मरी हुई बनकर क्यों लेटी ?'

तबसे उन्हें आने लगी शरम-सी
रोज-रोज मरने में...
एक बार शरमातीं, लेकिन फिर कुछ सोचकर
मर ही जातीं,
मरती हुई सोचती–
'चिड़िया ही होना था तो शुतुर्मुर्ग क्यों हुई मैं,
सूँघनी ही थी तो कोई लाड़ली नाक मुझे सूँघती–
यह क्या कि सूँघा तो साँप।'
और कुछ दिन बीते तो किसी ने उनको पढ़ाई
...गांधीजी की जीवनी,
सत्याग्रह का कुछ ऐसा प्रभाव हुआ,
बेवजह पिटने के प्रतिकार में वे
लम्बे-लम्बे अनशन रखने लगीं।
चार-पाँच-सात शाम खटतीं वे निराहार
कि कोई आकर मना ले,
फिर एक रात
गिन्न-गिन्न नाचता माथा
पकड़े-पकड़े जा पहुँचतीं वे चौके तक
और धीरे-धीरे खुद काढ़कर
खातीं बासी रोटियाँ–
थोड़ा-सा लेकर उधार नमक आँखों का।
तो, सखियो, ऐसा था कलियुग में जीवन
पतिव्रता का...
आगे की कथा
सती के ही मुख से

सती की व्यथा–
'नहीं जानती कि ये क्या हो गया है,
गुस्सा नहीं आता।
मन मुलायम रहता है
जैसे कि बरसात के बाद
मिट्‌टी मुलायम हो जाती है कच्चे-रस्ते की !
काम बहुत रहता है इनको।
ठीक नहीं रहती तबीयत भी।
अब छाती में इतना जोर कहाँ–
चिल्लाएँ, झिड़कें या पीटें ही बेचारे !
धीरे-धीरे मैं भी हो ही गई पालतू।
बीमार से रगड़ा क्या, झगड़ा क्या,
मैंने साध ली क्षमा।
मीठे लगते हैं खर्राटे भी इनके।
धीमे-धीमे ही कुछ गाते हैं
अपने खर्राटों में ये।
कान लगाकर सुनती रहती हूँ–
शायद मुझे दी हो सपनों में आवाज।
कोई गुपचुप बात मेरे लिए दबा रखी हो
इतने बरसों से अपने मन में–
कोई ऐसी बात
जो रोज इतने दिन
ये कान सुनने को तरसे...
कोई ऐसी बात जिससे बदल जाए
जीवन का नक्शा,
रेती पर झम-झम-झमक-झम कुछ बरसे...!'

ऊनी टोपी

मैं ही नालायक थी
जो सब-कुछ भूल गई
बेचारी माँ ने तो सब-कुछ सिखाया था–
दस्ताने, टोपियाँ, जुराबें–
छह-छह सलाइयाँ फँसाकर
मनोयोग से बुनी जाती हैं कैसे !
छह कोनों से तीर की तरह
छूटती हैं सलाइयाँ–
फिसलते हुए 'घर' पर 'घर' आते हैं
जैसे कि हों 'ग्लेशियर' !
तब जाकर बनता है कनटोपा !
माँ ने मनुहार से सिखाया था,
मैं ही नालायक थी–भूल गई !
माँ का मन रहता था–
सब-कुछ मैं सीख-साख
हो जाऊँ पारंगत
ताकि जिस घर जाऊँ,
सिर-माथे पर बिठाई जाऊँ–
प्यार करे दूल्हा,
गरब से फिरे फूला-फूला
कि बीवी ने टोपी बुन दी है,
देखो तो, कैसी गुणवन्ती है !
कितना रखती है खयाल,

कि बाँका होने नहीं देती बाल,
रखती है उनको सुरक्षित–
अक्षरशः आरक्षित
टोपी के घेरे में।
टोपी का घेरा प्रतीकित हो जैसे
बाँहों के घेरे में, ऊन में जैसे प्रतीकित हो ऊष्मा
अन्तःस्थल की ! बाबा रे बाबा, ये कितने प्रतीक !
गुइयाँ बनोगे, प्रतीको ? फाँदोगे मेरे संग दीवार ?

सूली ऊपर सेज पिया की

'टु बी ऑर नॉट टु बी दैट इज द क्वेश्चन'–
इतनी अँगरेजी तो सीखी थी
कि इसका मर्म मैं समझ लेती !
काश, सीखी होती अँगरेजियत भी इतनी
कि ठीक से बाँधना आता
फाँसी का फन्दा, टाई की नॉट और जूते का फीता !
मुझको तो रिबन भी नहीं ठीक से बाँधना आता !
स्कूल के रस्ते में
बार-बार खुल जाता था
लाल रिबन मेरी चोटी का।
बेचारा भाई ही
        बहुत कुफ्त हो-होकर
        हर बार बाँधा करता था !
और अब जब आई है बारी
फाँसी का पुख्ता-सा फन्दा बनाने की–
लोकगीत का बाजूबन्द बन गया है
        यह फाँसी का फन्दा !
'बाजूबन्द खुलि-खुलि जाए'' की लय में
        खुल जाता है बार-बार !
'टु बी ऑर नॉट टु बी'–
शेक्सपियर याद आ रहे हैं !
अनुष्ठान है पूरा–
साड़ी का फन्दा बनाकर लटक जाना पंखे से !

इतना आसान नहीं मरना भी !
पंखे पर धूल जमी है जैसे सदियों की !
फन्दा लगा लूँ कि पहले पोंछूँ मैं यह धूल पंखे की
आँचल से ?
धूल-धूल, माटी-माटी होने के पहले
धूल-माटी पोंछ देने की चिन्ता
एक भोंडा चुटकुला है !
        बीरबल कहाँ हैं ? और संस्कृत नाटकों के विदूषक ?
        शेक्सपियर के ज्ञानी महामूढ़,
        तेनालीरामन कि गोनू झा—
आओ न, पापा के किस्सों से धूल झाड़ उठ बैठो !
आओ, हँसते हैं लगाकर गपाष्टक !
आग जलाते हैं, बहुत थरथरी है
मेरी चमड़ी मुझको पूरी नहीं पड़ती।
एक दुशाला उढ़ाएगी क्या मुझको
गरम राख मेरी ही ?
क्या मेरी भूख मिटा देगी शकरकन्दी
मीठी-मीठी आँच पर पकती—
मेरी इन सख्त हड्डियों के भीतर-भीतर ?
क्या फिनाइल मेरी प्यास बुझा देगी ?
'टु बी ऑर नॉट टु बी !'
थककर सोए हैं दोनों बच्चे।
सुबह-सुबह उठकर क्या चौंकेंगे ?
छोटे को बाल तक नहीं काढ़ना आता,
और बड़ा तो और है ! मोजे का उल्टा-सीधा भी नहीं जानता !
उठकर करेंगे उठाने की कोशिश—
'आज दिन चढ़े-तक सोयी कैसे अम्मा रही ?
स्कूल-बस छूटी, लौट गई महरी।'
सब लौट जाते हैं तो क्यों नहीं लौटूँ मैं भी ?
दरबार के कायदे ही गजब हैं !

एक सिपाही मुझको बाँधे खड़ा है,
एक कर रहा है तड़ीपार !
हाँ, शेक्सपियर, समझती हूँ–
होने-न-होने कि करने-न-करने का
सारा घनचक्कर !

यक्ष-प्रश्न

शायद यह घर मेरा है,
किसका है यह ज़लज़ला ?
यह जमीन मेरी है,
वह मेरे घट-श्राद्ध में
पंडित को दान में
मिली खटिया !
ये बच्चे मेरे हैं।
कौन हैं वे जो किसी के नहीं ?
तॉल्सतॉय के घोड़े
उलझन में हैं अभी तक
कि वह जो साईस
दाना-पानी देता है उनको,
करता है उनकी मालिश भी,
कभी तो नहीं कहता
कि घोड़े उसके हैं,
फिर यह जो रोज शाम आता है
मालिक
क्यों कहता है
कि ये हैं उसके ?
ये मालिक क्या होता है ?
क्या होता है किसी का होना ?
कश्ती तो मेरी है
किसके हैं सातों समुन्दर ?

‘ये दरख़्त मेरा है’
कहते हैं चुटुर-पुटुर
करते हुए पक्षी
गोली के पहले धमाके के
एक मिनट पहले !
किसकी हैं सहमी हुई पत्तियाँ ?
बहुत प्यार करता है जो मुझको
किसका है ?
किसकी हैं तनी हुई भवें
और किसका है
यह मुझ पर लहराता चाबुक ?

चादर

मेरी माँ
अक्सर ही सोते में
मुझको उढ़ा देती है चादर !
डर लगता है उसको मेरी
बेपर्दगी से !
मुझे तो
पता भी नहीं,
क्या मेरी नींद
मुझे बेपर्द करती है ?
बेपर्द करते हैं
मुझको मेरे ख्वाब ?
क्या उनमें
एक रियर ग्लास-सा लगा है
या फिर कोई वीडियो कैमरा
जैसा कि
भीड़-भरी दुकानों में होता है
आपके ईमान पर
सन्देह फरमाता :
'आप वीडियो कैमरे की
निगाहों में हैं।'
यह वक्त कैसा है, ख्वाजा—
सबको
सब पर

शक-सा रहता है !
बाज़ार में
घर में और दोस्तों में भी
एक शर्तनामा-सा बँटता चलता है !
शर्तों के परे
क्या नहीं कुछ भी ?
कुछ भी
नहीं होता क्या यों ही–
उम्मीदों, तर्कों या
शर्तों के पार
और बेमतलब ?
जाड़ों की बारिश के
पहले हिलकोरे से
चट खिल जाती हैं भटकोइयाँ
जौ-गेहूँ के खेतों में जैसे बेमतलब ?
रोज रात धुन्ध घनी
चादर उढ़ा जाती है
भटकोइयों पर !
क्या धुन्ध होती है
भटकोइयों की माँ
जो उनके ख्वाबों के
बेपर्द होने से डरती है ?
एक रात जब अपने
अन्तिम सफर से मैं लौटूँगी–
डगमग रहेंगे मेरे पाँव
टूटे जहाजों के ही पाल
मेरी माँ
जल्दी-से-जल्दी
उढ़ा देगी मुझको,
उद्दाम लहरें और वक्त के थपेड़े

मेरे समूचे बदन पर, क्योंकि–
छोड़ चुके होंगे
नीले-हरे-बैंगनी बोसे–
माँ को इसकी जल्दी होगी–
वे ढँक जाएँ
और इसका होगा सन्तोष
कि कोई भी जंग
लड़की ने
यों ही तो
बैठे-बिठाए नहीं हारी !

महिला कलाकार

कमरे में लटकी हैं
                    इनकी सम्मान पट्टिकाएँ !
स्थानीय महिला-मंडल के
                    सालाना जलसे में
रंगारंग सांस्कृतिक गतिविधियों की खातिर अर्पित
                    सम्मान-पट्टिकाएँ,
हँसती हैं मजबूर माँ की हँसी
जब घर में होती है कल्याणियों की
                    धुरछक मरम्मत–
जरूरत से ज्यादा जो बन जाए सब्जी,
जरूरत से ज्यादा जो फोन चले आएँ या
बिखरी किताबें हों टेबुल पर
या बच्चे कर दें कुछ गड़बड़
या साहब के कपड़ों के
उज्ज्वल चरित्र पर कहीं
          छूट गया हो गलती से
                    हल्का-सा धब्बा !
फेहरिस्त लम्बी है इनके अपराधों की !
चलती हैं ये तानपूरे बचाती
विपुल शस्त्र-संचालन से !
सोचती हूँ–
                    बंगाली हो या मद्रासी,
          उड़िया, बिहारी या आसामी–

सबके घर में आखिर कैसे पाए जाते हैं
एक तरह के छीके,
घड़े, सूप, डगरे,
उतरे हुए तानपूरे,
फटी हुई भाँती
हारमोनियम की,
जोड़े में एक ही बची
विधवा/विधुर
तबला-डुग्गी !
एक पुरानी धोती ओढ़के
दुछत्ती पर पड़े
ये पुराने बाजे
बजाते हैं बाजा किसका ?
ठहर-ठहरकर कुछ-कुछ बतियाते हैं क्या वे
फाँसी पर लटके
सम्मान-पट्टों से ?

गृहलक्ष्मी

जैसे कि मजदूरनी
तोड़ती है पत्थर–
मैंने तोड़ा खुद को
कूट-कूटकर !
धूल-धूल, कंकड़ी-कंकड़ी हुई।
उड़ी तो चुभी आँखों में किरकिरी-सी,
गिरी-धँसी तो थोड़ी नींव में पड़ी,
थोड़ी सड़कवाली गिट्टी में,
पुल के गारे में थोड़ी-सी
थोड़ी-सी घर की दीवारों में !
एक चारपाई के पाये के नीचे–
मुझको दबाकर
बढ़ाया गया उसका कद,
कंकड़िया मारके जगाने में भी
कभी-कभी ली गई मेरी मदद !
एक गुलेल पर सधी।
लब्बोलुबाब ये है कि
मैंने तो 'मैं' की
चौहद्दी ही लाँघ ली–
तोड़-तोड़कर खुद को
घुल-मिल गई
आवारा बच्चों की आमचोर टोली में,
बल्लियों उछलती रही उनकी झोली में।

चीख

ये किसकी चीख की तरह पसरे हैं जंगल ?
एक चीख मेरे भी भीतर दबी है !
उसका बस चले अगर तो
मेरी पसलियाँ तोड़ती
निकल आए बाहर !
ये चीख मेरी
आदिवासी रूपसी की तरह
अब तक किले के तहखाने में
टहल रही है बेबस।
जंजीरें छूमछनन उसके पैरों की
जिस दिन भी टूटेंगी—देखना—
बिन घुँघरू नाच उठेगा जंगल !

स्त्री-काल

एक रोज
हवा के घोड़े पर सवार
बादशाह ने
इस कैदखाने की सीलन से पूछा–
"कैसी हो ? क्या है समाचार ?"
सीलन जरा थकमकाई,
सोच ही रही थी कि क्या बोले
कि घोड़ा बादशाह का बढ़ गया !
बादशाह बादशाह था, भाई,
उसको तो अच्छी लगती थी बस अपनी ही आवाज !
लेकिन घोड़े का हवाई अयाल
सुनता रहा पीछे मुड़-मुड़कर
कि क्या दे रही है जवाब
सीलन की सकदम-सी चुप्पी :
"समाचार ? कैसा समाचार ?
अखबार का तो ये दफ्तर नहीं, मेरे सरकार,
सीलन की स्याही में
प्रिंट नहीं होते समाचार,
चिट्ठी लिखी जाती है वक्त को लेकिन !
हाँ, लिखे जाते हैं इतिहास
जो बाद में पेड़ पढ़ते हैं
चौपाल की, चाय-ढाबों की
गप्प-गोष्ठी में–

कक्षाओं के बाहर !

और जब सुलगता है दावानल–
आग की तरंग पर सवार–
पूछती है जंगल के ठीकेदारों से
सीलन पलटकर कि कैसे हो !

जो वे देते हैं जवाब, उसे सुनती है रुककर,
फिर कहती है–"अच्छा, भूलो सब,
अब साथ चलो !"

टूटी-बिखरी और पिटी हुई

(शमशेर से क्षमायाचना-सहित)

पीठ नीली,
चेहरा पीला,
लाल आँखें और
जख्म हरे—
कुदरत के सब रंगों की बोतल
उलट-पलट जाती है मुझ पर
उनके आते ही !
इसको ही कहते हैं क्या—
हींग लगे, न फिटकिरी
और रंग चोखा ?

वृद्धाएँ धरती का नमक हैं

'कपड़ा है देह',...'जीर्णाणि वस्त्राणि'...वाला
यह श्लोक 'गीता' का, सुना था कभी बहुत बचपन में
पापा के पेट पर
पट्ट लेटे-लेटे !
सन्दर्भ यह है कि
दादाजी गुजर गए थे,
रो रहे थे पापा धीरे-धीरे
और हल्की हिचकियों से
हिल जाता था जो कभी पेट उनका,
मुझको हिचकोले का आनन्द आता था,
हालाँकि डरी हुई थी मैं यों सबके एकाएक रो पड़ने से,
बहुत चकित थी कि जो कभी नहीं रोते थे,
केवल रुलाते थे,
वे सब भी आज रो रहे हैं बुक्का फाड़े,
डरी हुई-सहमी हुई थी–
तभी तो यों चिपकी थी पापा से
पसीने से तर उनके बनियान की तरह
जो शायद फटी भी हुई थी।
समझा रहा था कोई उनको–
'क्यों रो रहे हो कि
यह देह कपड़ा है,
फटा हुआ कपड़ा बदल देती है आत्मा तो
इसमें रोना क्या, धोना क्या !'

मैं क्या समझी, क्या नहीं समझी–
अब कुछ भी याद नहीं,
अब बस इतना जानती हूँ 'जीर्णाणि-वस्त्राणि' के नाम पर–
कपड़े जब तार-तार होने लगते हैं,
बढ़ जाती है उनकी उपयोगिता !
फटे हुए बनियान बन जाते हैं झाड़न
और पुराने तौलिए पोंछे का कपड़ा।
फटी हुई साड़ियाँ दुपट्टे बन जाती हैं,
बन जाती हैं बच्चों की फलिया।
धोती के कोरों का अच्छा बनता है इजारबन्द,
कहीं-न-कहीं सबसे मिल जाता है उनका तार-छन्द
जो फटकर तार-तार हो जाते हैं–
सार्वजनिक बन जाती है जिनकी निजता !
वृद्धाएँ धरती का नमक हैं,
किसी ने कहा था !
जो घर में हो कोई वृद्धा–
खाना ज्यादा अच्छा पकता है,
पर्दे-पेटीकोट और पायजामे भी दर्जी और रफ़ूगरों के
मुहताज नहीं रहते,
सजा-धजा रहता है घर का हर कमरा,
बच्चे ज्यादा अच्छा पलते हैं,
उनकी नन्ही-मुन्नी उल्टियाँ सँभालती
जगती हैं वे रात-भर,
उनके ही संग-साथ से भाषा में बच्चों की
आ जाती है एक अजब कौंध
मुहावरों, मिथकों, लोकोक्तियों,
लोकगीतों, लोकगाथाओं और कथा-समयकों की।
उनके ही दम से
अतल कूप खुद जाते हैं बच्चों के मन में
आदिम स्मृतियों के।

घुल जाती हैं बच्चों के सपनों में
हिमालय-विमालय की अतल कन्दराओं की
दिव्यवर्णी-दिव्यगन्धी जड़ी-बूटियाँ और फूल-वूल !
        रहती हैं वृद्धाएँ, घर में रहती हैं
        लेकिन ऐसे जैसे अपने होने की खातिर हों क्षमाप्रार्थी
—लोगों के आते ही बैठक से उठ जाती,
छुप-छुपकर रहती हैं छाया-सी, माया-सी !
पति-पत्नी जब भी लड़ते हैं उनको लेकर
कि तुम्हारी माँ ने दिया क्या, किया क्या—
        कुछ देर वे करती हैं अनसुना,
        कोशिश करती हैं कुछ पढ़ने की,
        बाद में टहलने लगती हैं,
        और सोचती हैं बेचैनी से—'गाँव गए बहुत दिन हुए !'
उनके बस यह सोचने-भर से
जादू से घर में सब हो जाता है ठीक-ठाक,
सब कहते हैं, 'अरे, अभी कहाँ जाओगी,
        अभी तो हमें जाना है बाहर, बच्चों को रखेगा कौन ?'
        कपड़ों की छाती जब फटती है—
        बढ़ जाती है उनकी उपयोगिता।

दुधकट्टू

सत्रह बरस का प्रतियोगी परीक्षार्थी

दूध जब उतरता है पहले-पहले, बेटा,
        छातियों में माँ की–
झुरझुरी जगती है पूरे बदन में !
उस दूध का स्वाद अच्छा नहीं होता,
पर डॉक्टर कहते हैं–उसको चुभलाकर पी जाए बच्चा
        तो सात प्रकोपों में भी जी जाए बच्चा !
उस दूध की तरह होता है, बेटे,
        पहली विफलता का स्वाद !
भग्नमनोरथ भी तो रथ ही है–
भागीरथी जानते थे, जानता था कर्ण,
जानते थे राजा ब्रूस मकड़जालेवाले
और तुम भी जान जाओगे–
        कुछ होने से कुछ नहीं होता,
        कुछ खोने से कुछ नहीं खोता !
        पूर्णविराम कल्पना है,
        निष्काम होने की कामना
        भी आखिर तो कामना है !
सिलसिले टूटते नहीं, रास्ते छूटते नहीं।
पाँव से लिपटकर रह जाते हैं एक लतर की तरह–
जूते उतारो घर आकर तो मोजे में तिनके मिलेंगे लतर के !
तुम्हें एक अजब तरह की दुनिया
        दी है विरासत में–
        हो सके तो माफ कर देना !

फूल के चटकने की आवाज यहाँ किसी को भी
सुनाई नहीं देती,
कोई नहीं देखता कैसे श्रम, कैसे कौशल से
        एक-एक पंखुड़ी खोली गई थी !
यह फलों की मंडी है, बेटा,
सफल-विफल लोग खड़े हैं क्यारियों में !
चाहती थी—तुम्हें मिलती ऐसी दुनिया
जहाँ क्यारियों में अँटा-बँटा, फटा-चिटा
        मिलता नहीं यों किसी का वजूद !
हर फूल अपनी तरह से सुन्दर है—
प्रतियोगिता के परे जाती है
हरेक सुन्दरता !
        और 'भगवद्गीता' का वह फल ?
        वह तो भतृहरि के आम की तरह
        राजा से रानी, रानी से मन्त्री,
        मन्त्री से गणिका, गणिका से फिर राजा के पास
        टहलता हुआ आ तो जाएगा—
        रोम-रोम की आँखें खोलता हुआ !
पसिनाई पीठ पर तुम्हारी
        चकत्ते पड़े हैं
                खटिया की रस्सियों के !
ऐसे ही पड़ते हैं शादी में
        हल्दी के छापे,
पर शादी की सुनकर भड़कोगे तुम !
कल रात बिजली नहीं थी।
मोमबत्ती की भी डूब गई लौ
तो किताब बन्द की तुमने
और अँधेरे में
चीजों से टकराते
हड़बड़-दड़बड़ आकर बोले—

'माँ, भूख लगी है !'
इस सनातन वाक्य में
एक स्प्रिंग है लगा,
कितनी भी हो आलसी माँ,
वह उठ बैठती है
और फिर कनस्तर खड़कते हैं
जैसे खड़कती है सुपली
दीवाली की रात
जब गाती हैं घर की औरतें
हर कमरे में सुपली खड़काती–
'लक्ष्मी पइसे, दरिद्दर भागे, दरिद्दर भागे, दरिद्दर भागे !'
दारिद्र्य नहीं भागता, भाग जाती है नींद मगर।
तरह-तरह के अपडर
निश्शंक फर्श पर टहलते मिल जाते हैं,
कैटवॉक पर निकला मिलता है भूरा छुछूँदर !
छुछूँदर के सिर में चमेली का तेल
या भैंस के आगे बजती हुई बीन
या दुनिया की सारी चीजें बेतालमेल
ब्रह्ममुहूर्त्त के कुछ देर पहले की झपकी के
एक दुःस्वप्न में टहल आती हैं,
और भला हो ईंटों की लॉरी का
कि उसकी हड़हड़-गड़गड़ से
दुःस्वप्न जाता है टूट,
खुल जाती हैं आँखें,
कहता है बेटा,
'माँ, ये दुख क्यों होता है,
इसका करें क्या ?'
सूखी हुई छातियाँ मेरी
दूध से नहीं लेकिन उसके पसीने से तर हैं !
मैं महामाया नहीं हूँ, ये बुद्ध नहीं है,

लेकिन ये प्रश्न तो है ही—जहाँ का तहाँ, जस का तस !
एक पुरानी लोरी में
स्पैनिश की टेक थी—
'के सेरा-सेरा...वॉटेवर विल बी, विल बी...
ये मत पूछो कल क्या होगा, जो भी होगा, अच्छा होगा !'
मैं बेसुरा गाती हूँ, ये हँसने लगता है—
'बस, ममा, बस—आगे याद है मुझे !'
रात के तीसरे पहर की ये मुक्त हँसी
झड़ रही है पत्तों पर
ओस की तरह !
आगे की चिन्ता से परेशान उसके पिता
नींद में ही मुस्का देते हैं धीरे से !
उत्सव है उनका ये मुस्काना
सुपरसीरियस घर में !

एक पगलेट कथा

जी-जान से कोशिश करता हुआ आदमी / दुनिया का सबसे सुखद दृश्य है / वो देखो वो, उसकी उठती कुदाल / मचल रही हैं उसकी बाँह की मछलियाँ—वो पहाड़ खोदेगा, अभी खोद डालेगा / उसको नहीं होगी आशंका कि होगा क्या जो पहाड़ खोदे पे निकलेगी चुहिया।

उधर लैम्प-पोस्ट के नीचे
एक अखबार बिछाकर
अपनी सेकेंड हैंड सीबीएसई की किताबों से
धड़ाधड़ निकालता सवाल
बैठा है एक धनुर्धर !

घूमती हुई मछली की एक पुतली है—
बस छूटा ही चाहता है शर
कि बोल पड़ती है मछली—
'रुक जाओ, लगातार यों घूमते-घूमते
मुझे आ रही है कुछ मितली-सी !'
और फिर होता है ऐसा—
मछली से हो जाती है दोस्ती
लक्ष्य से भटके हुए तीर की !

यह एक ऐसी पगलेट कथा है
जिसमें कि घोड़े ने घास से ही दोस्ती की,
उसने उसको वैसे ही सहलाकर छोड़ दिया

जैसे कि हिरनी की आँखें
खुर से सहलाता है
    कोई हिरन :
    साँसें रोके, चौकस, आहिस्ता !

हे भगवन, अब इसके बाद मुझे नहीं पता–
दुनिया का सबसे सुखद दृश्य है क्या !

    उठता हुआ फावड़ा,
    जान-बूझकर लक्ष्य से भटका तीर
    या दोस्ती–
    घोड़े की घास से
    और हिरन के खुर की
    हिरनी की आँख से !

गणतन्त्र दिवस

कल है गणतन्त्र दिवस।
बच्चा न 'गण' समझता है, न 'तन्त्र' ही,
मगर एक अजब बेखयाली में
उसने बनाए हैं झंडे पूरे इक्कीस।
पैड-वैड के पन्ने रँग-रँगकर
झाड़ू की तीलियाँ निकालकर
छत के गमलों में वह बोएगा
अलस्सुबह कल ये तिरंगे !
मैं कहूँगी—'बेटू, यह तुमने ठीक नहीं किया।
कहते तो ऊन की सलाइयाँ निकालती !
झाड़ू-झाड़ू होती है, बउआ,
झाड़ू की इन तीलियों पर
फहराने नहीं चाहिए थे तिरंगे !'
कहना तो अभी भी यही चाहती हूँ,
        पर डरती हूँ—
वह रोएगा जैसे रोता है कच्ची ही
नींद टूट जाने पर !
वह अभी नींद में ही है
देख रहा है सपने
        खुली हुई आँखों से !

सपनों के दम से ही होती है
नींद भी समाधि,

सपनों के दम से ही
ब्रह्मदंड बन जाती है झाड़ू की तीली !
कभी-कभी वह पूछता है,
'माँ, यह पाकिस्तान क्या चाहता है ?'
और फेंकता है मिसाइल-सी कागज की
छत की इस सरहद के पार !

सोचती हूँ—बचपन में मैंने तो इसको
खिलौने की भी बन्दूक नहीं दी,
डरती रही कि हो नहीं जाए यह भी अतिवादी।
है हवा में ही इतनी हिंसा !
'आतंक', 'अगवा', 'आगजनी',
'लूट', 'हत्या'
        'हाइजैकिंग'—
ये हिंसक शब्द अबाबीलों—से मँडरा रहे हैं सिर पर
        इसके—
        इसके जनम से !
जब यह आया झगड़कर खेल-मैदान से,
इसको सिखाए प्रशान्त प्रतिरोध के तरीके,
गोद में बिठाकर किस्से सुनाए
वाल्मीकि-बुद्ध-गांधी के !
फिर धीरे-धीरे जाने क्या हुआ,
वह मुझे मानने लगा एक कैसेट—
बज-बजकर घिसे हुए
पैंसठ-सत्तर के श्रुतिमधुर गीतों की !
वह मुझे नहीं चाहता करना आहत—
थोड़ी भी टकराहट होते ही कहता है 'सॉरी',
और अपने हाथ में उठाकर ऐसे
रखता है मेरी हथेली
जैसे कि हो वह बेचारी हथेली

किसी पुस्तकालय की
जर्जर-सी पांडुलिपि, जर्जर इतनी
कि जीरॉक्स-यन्त्र के शीशे का भी
दबाव नहीं सह सकती !
खैर, फिलहाल जो तिरंगे
वह बना रहा है जतन से–
उन पर चढ़ाएगा कल वह जलेबियाँ
और फिर मुझसे पूछेगा पहेलियाँ–
'माँ, भगतसिंह, चन्द्रशेखर की
क्यों नहीं मनतीं जयन्तियाँ ?'
जो भी कहूँगी मैं–
उसको सुनने का उपक्रम करेगा !
        (डुलाएगा माथा)
पर जानती हूँ मैं–ध्यान उसका कहीं और
        उड़ा होगा
किसी कागजी रॉकेट के पीछे !
इसी तरह चौंकता-सँभलता
खुद ही इन प्रश्नों के उत्तर
शायद वह कभी ढूँढ़ लेगा !

घरेलू नौकर

वे लगातार दौड़ते हैं
एक विचार से दूसरे विचार तक !
बहुत दिनों तक उनका
कोई विचार नहीं बनता
किसी के बारे में
...और दौड़ते-दौड़ते
जब वे थक जाते हैं
तो दो विचारों के बीच के किसी शून्य में
टाँग देते हैं रस्सी
और उस पर फैला देते हैं धीरे से
घर से लाई यादों की गुदड़ी !
दीवार की छाया-लिपियों में वे
टो-टोकर पढ़ते हैं
बीतते हुए वक्त का चेहरा,
फिर धीरे-धीरे जब घड़ी देखना सीख जाते हैं
रह-रहकर वे देखते हैं घड़ी !
क्या इस बहाने से वे सीखते हैं
आँखें मिलाना समय से ?
पाँचवीं-छठी अपनी तनख्वाह से वे
एक बैंड का ट्रांजिस्टर ले लेते हैं !
सपनों का एक कारखाना जो होता है
नींद की किसी कचरापट्टी में—
वहाँ ट्रांजिस्टर ही चौकस पहरुए-सा

मारता है सीटी
भर-रात।
आशा-लता की आवाजों के बीच कभी
झक् से झमकता है जैसे
शमशाद बेगम के किसी गीत का मुखड़ा,
इस घर की सब चकाचक चीजों के बीच
अक्सर लहक उठता है उनकी आँखों में
सीवान तक छोड़ने आई
हारी-थकी माँ का चेहरा !
शुरू में वे पानी होते हैं,
फिर उनमें जमने लगती है बरफ-सी !
बैठे-बैठे वे सो जाते हैं
और सपनों में ही
भाँजते हैं तलवार
आल्हा-ऊदल की।

हाथ का प्लास्टर

मेरे वजूद पे चस्पाँ है उसका वजूद !
मेरी इस टूट-फूट का तोपन—
मजेदार है मेरा साथी निठल्लन !
दिन-भर लिखता रहता है उस पर अकर-बकर
मेरे पड़ोसी का बच्चा—
'गुडलक', 'आई लव यू' वगैरह !
(उसको भी वायरल हुआ है,
मेरे ही पास लिटाकर उसको उसकी माँ
जाती है दफ्तर !)
बच्चा है 'पुरातत्त्व सर्वे ऑफ इंडिया',
मैं उसकी मोहनजोदाड़ो-हड़प्पा !
दिन-भर वह मुझे खोदता ही रहता है !
खोदता-खुरचता रहता है हँसी की कहानियाँ,
चुटकुले-पहेलियाँ-मुकरियाँ !
खुफिया खजाने तक जाने की
आदिम सुरंग ढूँढ़ता
वह प्लास्टर के भीतर-भीतर रस्ता बनाता है
स्वेटर बुनने की सलाई से
और वहाँ लगातार मचनेवाली खुजली सहलाता
कहता है, 'अरी बुआ,
कितना मजा आएगा
जिस दिन यह खोह कटेगा
और करोगी मेरी खातिर तुम बॉलिंग !'

सोचती हूँ,
'बच्चा बच्चा है, नहीं जानता–
केंचुल उतरते ही यह हाथ औरत का
फिर से पिटारे में हो जाएगा बन्द
और अगर नाचा भी–
उसी पुरानी बीन पर नाचेगा !
        एक किसी नागमणि-सी मिली फुर्सत
        केंचुल के साथ ही उतर जाएगी,
        रह जाएगी केवल
                चक्षुश्रवा कौंध–
                दस कामों के बीच भी
                चकमका जाती
                        कभी-कभी–
                प्रियजनों की याद-सी !

चकमक पत्थर

जब-तब वह मुझसे टकरा जाता है।
दो चकमक पत्थर हैं शायद हम–
लगातार टकराने से
बीच हमारे चिनकता है
आग का संक्षिप्त हस्ताक्षर–
बस एक इनिशियल–

जैसा कि विड्रॉअल फॉर्म पर
करना होता है–
कट-कुट होते ही।

क्यों होती है हमसे इतनी कट-कुट आखिर ?
क्या खाते में कुछ बचा ही नहीं है ?
खाता और उसका ?

उसका खाता बस इतना है–
वह खाता है
धूँधर माता की कसम
और धन्धे की–
'पेट में नहीं एक दाना गया है
अगरबत्तियाँ ले लो–दस की दो !'

इस नन्हे सौदागर सिन्दबाद से कोई

कहे भी तो क्या और कैसे ?
बीच समुन्दर में उलटा है इसका जहाज।
अबाबील की चोंच में लटके-लटके

और कितनी दूर उड़ना होगा इसको
इस जनसमुद्र की दहाड़ रही लहरों पर ?
वह मेरे बच्चे से भी कुछ छोटा ही है।
एक दिन फ्लाईओवर के नीचे मुझको दीखा
मस्ती में गोल-गोल दौड़ता हुआ।

'ओए, की गल है ?
अकेले-अकेले ये क्या खा रहा है ?' मैंने जब पूछा,
एक मिनट को वह रुका, बोला हँसकर–
'कहते हैं इसको ईरानी पुलाव।
सुबह-सुबह होटल के पिछवाड़े बँटता है !
खाने पर पेट जोर से दुखता है,
लेकिन भरा हो तो दुखने का क्या है !
तीस बार गोल-गोल दौड़ो–
फिर मजे में थककर सो जाओ !
खाना है ईरानी पुलाव ?'

पापा

रजाइयाँ फिर से निकली हैं !
एक रजाई इनमें उनकी है।
कायदे से अब यह तगवा देनी चाहिए !
धुनिए गुजर रहे हैं इधर से, उधर से—
'तोमतनन', 'तोमतनन' बजाते हुए !
पर यह मैं तगवाऊँ कैसे ?
रजाइयाँ-तकिए वफादार होते हैं
                    गन्ध बचाकर रखने में !
क्या जाने किस अलगनी पर,
                    कितनी दूर
        अब वे धोती पसारते हैं।
चाहें भी तो आप
        तहा नहीं सकते अब उनके गमछे !
बदल नहीं सकते अब बार-बार
        खोल उनके दुबले तकिए की।
चाहें तो उनके उस
        एक ओर पड़े हुए
निस्पन्द तकिए में
अपना छुपा लें सर !
और ? और क्या ?
फिर धीरे-धीरे तो
        बीते ही रीते ही
        जाएँगे दिन

और कभी फॉर्म-वार्म भरते हुए
जब आएगा उनका नाम
तो काँप जाएँगे अक्षर–
टूटकर बिखरते हुए।
उँगली पकड़कर सिखाया था लिखना–
'क' से कबूतर,
कबूतर उड़े और
'ख' से 'खरामा-खरामा'।
'ग' से 'गडमड'–
सब 'गडमड'-'गडमड'।
जब भी कोई गाली माँ-बाप की देगा–
उनका भी नाम आएगा।
कट के रह जाएँगे आप, मगर कर क्या लेंगे !
कभी-कभी आया करेंगी
दूरस्थ देशों से
चिट्ठियाँ उनके भी नाम की !
उनके भी नाम की
निकलेगी खीर और सब्जी
साल में दो-तीन बार !
जब आँधी आएगी
उनके लगाए हुए पेड़
खूँटा तुड़ाने लगेंगे–
अभी बियायी गैया बनके–
गैया जिसका बछड़ा
ऐन उसके सामने
खून में लिथड़ा
उलटने लगा हो अपनी आँखें।
हो सकता है–
याद आए तब आपको
बचपन की आँधी

जब लम्बी बीमारी के बाद
चल भी नहीं सकते थे आप
और ऐसी कोठरी में पड़े थे
जिसमें खिड़कियाँ नहीं थीं–
सुनाई पड़ी आँधी,
देखने की जिद की
तो दुशाले में अपने लपेट के
कैसे वे गोदी में आँगन तक लिए गए थे !
शब्द तो
खुले पिंजरे के पक्षी–
आकाश में चक्कर काटते हुए
आते हैं कभी-कभी
आँगन के पेड़ों पर !
पर शब्दकोशों पर
उनकी चढ़ाई वे जिल्दें हैं कायम–
ज्यों-की-त्यों !
रवि वर्मा की पेंटिंग्सवाली
कैलेंडरें काटकर
उन्होंने चढ़ाई थीं जब-तब–
माँ से कहा था–'गोंद लगा देना, बस !'
जब आएगी आँधी–
दुविधा-संशय की
कछमछ रातों में
घर आएँगे वे जरूर–
एक लालटेन उठाए
और हौले से पुकारते हुए–'बउआ !'
पिछवाड़े की रेल-पटरी पर
धड़धड़ चलेगी जो रेल,
हिल जाएगा पूरा घर
और जाने किस मोखे से

घुस आएगी घर में
ठीक उसी वक्त एक भटकी गौरैया,
टकराएगी
घर की अन्धी दीवारों से
और किसी बेबस निर्णय की तरह
देखते ही देखते
पंखे से कटकर
गिर जाएगी
आपकी गोद में–
बिल्कुल निस्पन्द।

जलेबियाँ

वे शीशे के मर्तबानों से
झाँकती मिलेंगी
हाइवे के चाय-ढाबों पर !
वैशाली से मिथिला तक
जहाँ कहीं रुकता है ट्रक—
ये उचकती हैं
एकदम से चली आती हैं बाहर—
ढाबेवाले के बच्चों की तरह—
धीरे से मुस्का देती हैं
आपकी ऊब, भूख, सुस्ती को
करके सलाम !
धूप में बिछी खाट के ऊपर
चँवर-सा हिलाते हैं शीशम के पत्ते
और इस जलेबी के दम से
जगती है एक बादशाहत
आपके भी भीतर !
खाना जलेबी कला है !
गाय के ताजा दुहे दूध में
बारह उबालों के बाद
पड़ती है एक जलेबी !
बच्चे बस ट्रक देखते हैं—
आपका खाना नहीं देखते !
उनको पता है—जिस गाँव नहीं जाना,

उसका पता पूछना क्या !

वे गिनते हैं चाव से पैसे,
और अगर मिलती है बक्शीश–
चट से छुपाकर वे
एकदम से दौड़ जाते हैं
और किसी दुकान पर
खाने जलेबी–
'आता हूँ, बप्पा,
आती हूँ, माई–
याद एक बड़ी जरूरी बात आई !'
माँ-बाप हँसते हैं छानते जलेबी,
तोड़ते नहीं लेकिन बात का भरम–
अपवाद अपवाद हैं
और नियम नियम !
रससिद्ध जितनी हैं बातें इस दुनिया की–
उनमें क्यों पेंच है जलेबी की ?
सीधी उँगली घी निकलता नहीं क्योंकर ?
पेंचदार होती है क्यों हर जलेबी ?

ब्रह्ममुहूर्त में ईंटों की लॉरी

मैं ज्योतिष नहीं जानती
लेकिन इस एक मुहूर्त का
मुझको है खूब पता !
पौ फटने से पहले की बेला,
कहते थे पापा,
होती है ऐसी
जिसमें सरस्वतीजी
स्कूल इंस्पेक्ट्रेस की तरह
हर छात्र की मेज का
लेती हैं जायजा
और नहाकर ध्यान से पढ़ता
मिलता है जो–
उसके वे सहलाती हैं बाल
और फिर उसमें
लगता है झरने
एक ऐसा प्रकाश-निर्झर
जिसके कि आलोक में
जो भी वह पढ़ता है–
उससे उसकी होती जाती है
जीवन-भर की
दाँत-काटी दोस्ती !
        यह लोभ ऐसा था
        जिसका तब काट नहीं था मेरे पास !

उठती रही रोज–
करती रही किसी म्यूनिस्पल नल की तरह
निर्झर उमड़ पड़ने का
इन्तजार।
पाठों से नहीं
मगर इन्तजार से मेरी
दाँत-काटी दोस्ती तो हुई !
अलस्सुबह दोनों उठ बैठते–
मैं और मेरा इन्तजार–
एकदम हवन्नक-सा चेहरा लिए–
मुँह खोले और आँख मलते !

अब याद आता है
ब्रह्ममुहूर्त भी तभी
जब घर के पिछवाड़े–
सुबह-सुबह–चार-सवा चार के बीच–
आती है क्या जाने कौन-सी दिशा से
ईंटों की लॉरी।
धड़धड़धड़ उतरती हुई ईंटें
कछमछ-से, बेचैन, करवट बदलते हुए लोगों की
नींद में बनाती हैं घर।
मजदूर की बीड़ी की सुटुकी,
उसकी खैनी की चुनौटी से
कहती है हँसकर–
'तू मुझको समझती नहीं कुछ भी,
इतना ले जान मगर,
इस सुबह का मैं ही अन्तिम सितारा,
इस दौर का अन्तिम अंगारा !
धीरे-धीरे शहर में पूरे हो जाएँगे ओवरब्रिज,
बन जाएँगी सड़कें, कहीं कोई घर भी बनने की

बचेगी नहीं जब जगह—तेरा हो जाएगा बन्द रतजगा !
धोती के फेंटे में
सो जाएगी तू कहीं छिपकर,
लेकिन मैं जागती रहूँगी—
कहीं किसी उजड़ी बस्ती में
        उचटी नींदों के
        सिरहाने
        ऐसे ही जागूँगी मैं रात-भर !'
जानती हूँ मैं भी,
ब्रह्ममुहूर्त्त तक जगकर थके
किसी पढ़ाकू बच्चे को
मजदूर की बीड़ी
कहती चली जाएगी
एक अनन्तिम रोमांचक कथा !

खिदमत

माँ सेमिनार में है,
बच्चा सेमिनार–कक्ष के बाहर
किसी दयालु चौकीदार की गोदी में
बना रहा एक घर।
उसका घर कागज पर है।
बना रहा है
हरे क्रेयन से
पेड़ भी।
पेड़ भी कागज पर है।
नाव भी कागज पर,
पानी भी कागज पर,
भूख मगर चढ़ी जा रही है
मगज पर।
एकदम से वह उठेगा अब
और ये सन्नाटा सारा
चीखकर पुकारेगा–'माँ'।
उसके पुकारते ही
दुनिया के सब बन्द दरवाजे धड़ से खुलेंगे,
गूँजेंगी गिरजे की घंटियाँ।
घर लौट आएगा घर।
सिर पर रखकर पाँव
दौड़ेगी डूबती नदी और
पत्ता-पत्ता पूछेगा झुककर–
'क्या ? कैसे ? कितना ? कब ?'

कुछ अटपटी प्रेम-कविताएँ

एक अजब-सा वियोग

मैं उससे 'प्रेम' नहीं करती—
जानती भी उसको ठीक तरह से मैं नहीं !
इक्कीस दिन
    एक कोर्स किया,
एक बेंच पर बैठे,
हँसे-मुस्कुराए, कुछ कुफ्त हुए
    और बोर भी—साथ-साथ !
जाने के घंटे-भर पहले वह बोला—
'लाया हूँ कैमरा, तस्वीरें ले लूँ तुम्हारी ?
मेरी पत्नी बेहद खुश होगी
कि मेरी किसी से हुई दोस्ती,
मेरी स्तब्ध वफादारी से
    ऊब गई है शायद !'
उसकी आँखों में थी
नारियल-पानी-सी धूप
और कोवलम-तट के बालू की
    हल्की धमक !
मैंने कहा—'हाँ, जरूर !'
फिर अफरा-तफरी मची
    विदाई समारोह की !
समारोह की ऐसी-तैसी,
    मैं भूल गई—
वो कर रहा होगा इन्तजार।

टीए बिल की लाइन लम्बी थी,
लाइन में किसी से बहस हो गई,
मेरा तो फ्यूज उड़ गया और मैं चल दी... !
रात के ग्यारह बजे याद आया तो
        हूक उठी—
उसने किया होगा इन्तजार और रात की ट्रेन से
केरल चला जा रहा होगा—
        उसका पता मेरे पास नहीं—
अब क्या हो—क्या इसी वक्त के लिए
        गा गए हैं मुहम्मद रफी—
अब जांबलबहूँ शिद्दते दर्देनिहां से मैं,
ऐसे में तुझको ढूँढ़ के लाऊँ कहाँ से मैं ॥
        एक अकेली चाय
        पीती हुई रेस्तराँ में मैं
                सोच रही हूँ ये लगातार—
        यह वियोग का जाने कैसा तो
        गैर-शास्त्रीय प्रकार है—
        योग के बिना ही वियोग !
        सच मानिए, मैं मजाक भी नहीं कर रही।
होगा तो यह वियोग ही लेकिन
        बिल्कुल नई प्रजाति का—
लाल पपीते और कड़े टमाटर जैसा
        'डिस्को' नहीं इसमें कुछ भी,
किसी कृषि-वैज्ञानिक ने
        तैयार किए नहीं होंगे
                इसके बीज
        पूसा-वूसा में पर
        गैर-शास्त्रीय तो यह है ही !
        बिन माँगे भी क्या कभी
        मिल सकती है माफी ?

बस-टिकट

ये बढ़ते हैं बिना पाँव के
ठुँसी हुई बस में।
आँखों-आँखों में हो जाती है गुफ्तगू
और हाथों-हाथ बढ़ता चला आता है सिक्का,
पुल-सा बन जाता है अनजान हाथों का :
        दुनिया का सबसे अनूठा पुल !
कह गए हैं बिहारीलाल,
दोहा है कौन-सा—नहीं याद—
लेकिन सन्दर्भ है कि एक भरी सभा में
        दूर-दूर से देखते हैं
        एक-दूसरे को दो प्रेमी—
        मिल जाती हैं उनकी आँखें, फिर हँस पड़ती हैं !
भरी सभा में
चिरपरिचित आँखों का गुपचुप संवाद
दुनिया का सबसे बड़ा होता है शायद रोमांस—
ऐसा समझती थी मैं आज के पहले।
आज लग रहा है कि अनजान आँखों का
        यह भाईचारा—
उससे भी शायद बड़ा है रोमांस !
आदमी का आदमीयत से रोमांस यह
        शायद है
        आदिकालीन !

जानना

किसी को जानना
मोल ले लेना है
अपने लिए एक और आईना
और एक अच्छा इयरफोन
जिससे कि साफ-साफ सुन सकते हैं
कि आखिर क्या बातें करता है
बाड़े की भटकोइयों से
बिके हुए खेत की तरह फैला सन्नाटा !
सुन सकते हैं जरा और ध्यान देने पर
हवाओं में गोल-गोल नाचती हुई झीनी बुइया-सी
किसी और देश-काल से आई
वृद्धा वेश्याओं की फीकी हँसी,
दुनिया के सबसे बड़े पागलखाने के
किसी पुरातन पागल के एकतारे की जैजैवन्ती,
किए-अनकिए सारे अपराधों की लय पर
झन-झन-झन जंजीरें बजा रहे कैदी की
अचानक जगी कुकुरखाँसी,
सारे नियमों की उलटबाँसी
और वे गुम आहटें
मृतप्राय भाषाओं की
जिनका कि एक भी अक्षर
पड़ता नहीं पल्ले—
फिर भी जिनमें होती है कूबत

पानी के भीतर बसे अपने
मायावी नागलोक–तक खींच लेने की
(तिनकों का कोई सहारा लिए बिना डूबे सन्दर्भ
बन जाते हैं नागमणियाँ यहीं !)
किसी को जानना
एक बड़ी उत्तप्त-सी छलाँग है
पहले अपने बाहर,
फिर अपने भीतर–
देर तलक हिलता है जिससे
तालाब का पानी !
किसी को जानना
तालाब, दरिया, समुन्दर और बारिश हो जाना है !
जानना जाना है !
        एक बार बरसते हैं बादल,
        पेड़ तीन बार बरसते हैं–
हर बारिश के बाद
पेड़ों की डालियाँ हिलाते हुए
सोचते थे हम।
किसी को जानना
सब भूली-बिसरी बातों का
धीरे-धीरे याद आ जाना है !
जानना हो जाना है
बूँद-बूँद लोकती हुई
थर-थर-थर पत्ती !

जिह्वा

एकतारा बज रहा है।
एक जिह्वा जो कि
भरसक
झूठ नहीं बोलती–
जानती नहीं
मौके पर चुप रह जाने का कौशल–
मेरी नसें गुदगुदाती
मेरे भीतर
फिर रही है–
उन्मत्त–
जैसे कि फिरता है
कोई फकीर
रात के तीसरे पहर बाद
गलियों में–
ढूँढ़ता हुआ-सा कुछ-कुछ,
कुछ-कुछ बेचैन–
बीच-बीच में चूसता-सा
चिलम अपनी।
हो रहा है सब कुछ
धुआँ-धुआँ !
और धुएँ के जोर से
अदबदाकर
टपक रहा है

शहद का छत्ता।
एक निष्पत्र गाछ से
नमकीन-मीठी नदी बह रही है
मेरे भीतर, मेरे बाहर !
जहाँ-जहाँ जीभ चल रही है–
एक लालटेन जल रही है–
मोखे पर यहाँ-वहाँ !
कुछ आँखें सोई नहीं हैं !
कुछ कान लगे हैं अभी दर पर !
एकतारा बज रहा है !

बढ़ी जा रही है जिह्वा–
एक गिलहरी सी सरपट
रास्ते बदलती हुई–
एक स्वाद से दूसरे स्वाद तक–
एक कन्दरा से किसी दूसरी तक,
खेत-खलिहान पार करती,
पार करती
जागरण की चटक धूप
और स्वप्न का झुटपुटा !
रुकेगी ये आखिर कहाँ ?
मुड़ेगी कहाँ ?
मुड़कर पिएगी क्या
हठयोग का अमृत ?
हठ ही बना देता है योगी।
कैसी प्यारी चीज है जिद भी !
जिद ही बजाती है वह एकतारा
जिससे झनक उठती है
ऐसे झना-झन
सारी शिराएँ चट्टानों की।

डाक-टिकट

बच्चे
उखाड़ते हैं
डाक-टिकट
पुराने लिफाफों से जैसे–
वैसे ही आहिस्ता-आहिस्ता
कौशल से मैं खुद को
हर बार करती हूँ तुमसे अलग !
मेरे किनारे फट जाते हैं कभी-कभी,
कुछ-न-कुछ मेरा तो
निश्चित ही
सटा हुआ रह जाता है
तुमसे !
थोड़ा-सा और विरल,
झीना-सा हो जाता है
मेरा कागज़,
धुँधली पड़ जाती हैं
मेरी तस्वीरें
पानी के छींटे से
और बाद उसके हवा मालिक,
उड़ा लिए जाए मुझे, जहाँ चाहे !

बसेरा

विश्वस्त सूत्रों से पता चला—
सब पार्कों और सारे हवाई किलों पर छापा पड़ेगा
और जहाँ जो गाना गाता हुआ पाया जाएगा
उसको हथकड़ी लगेगी !
        'हर दिल जो प्यार करेगा, वो गाना गाएगा'—
        इस तर्क से बहुत कम बच गए हैं गानेवाले—
        उतने ही कम जितने महावत,
        लहठी के कारीगर, ढाकाई मलमल के बुनकर... !
सो उन्हें सरकारी अजायबघर में रखा जाएगा !
लुप्तप्राय प्रजातियाँ—मोर-वोर, चीतल-वीतल—
आप घर पर पाल सकते नहीं जैसे—
गाना है तो अपनी धुन में नहीं, हुजूर, प्रायोजित जलसों में गाइए
और प्यार करना ही है तो
सरकारी तर्ज पर
एक राशन कार्ड बनवाकर
पूरी वैधानिकता के साथ
थोड़ा-थोड़ा ही जताइए !

अब हम करते तो क्या करते,
अपनी धुलाई तो निश्चित थी।
तय था कि देशनिकाला मिलेगा ही,
अपने समय के बाहर भी
कान पकड़कर कर दिए जाएँ—असम्भव नहीं यह !

कुछ देर हमने सोचा–
'अपने समय से निकलकर,
देश-काल–सबसे छिटककर
जाएँ तो जाएँ कहाँ !'
कुछ देर सोचने के बाद तय किया–
'नहीं, किसी स्वर्ण-युग में तो नहीं जाएँगे–
क्या करेंगे–चन्द्रगुप्त मौर्य या विक्रमादित्य,
हर्षवर्द्धन, अशोक, अकबर के युग तक जाकर ?
गए अगर–बस हुड्डा छू लौट आएँगे,
छू लौट आएँगे–
चाणक्य की चुटिया, वैताल की लुटिया,
दानयज्ञ के बाद बची हुई हर्षवर्द्धन की खाली टोकरी
या अशोक की उठकर गिरी हुई तलवार
या बीरबल की खिचड़ी-विचड़ी !
जाना ही होगा तो जाएँगे मोहनजोदाड़ो–
मिट्टी की पहली गाड़ी का पहिया बनने !'
सोच ही रहे थे कि आया सिपाही
और उसने हमको गरदनिया दी–
'हवाई किलों में रहनेवालो–
बन्द करो अपनी यह मियाँ की मल्हार–
निकलो, बाहर निकलो !
करो, बन्द करो, हवा में रहना बन्द करो !'
अब उसको कैसे समझाते हम–
हवा का नहीं होता हवाई किला–
बारिश की दीवारें होती हैं उसकी,
बाकी वह होता है सिहरी-सिहरी आग का !

खैर, चल निकलने के पहले हमने अपने
हवाई किले की दीवारों में दबी पड़ी
सारी सिसकियाँ चुनीं

और उन्हें इतिहास के उतरे तारों पर
मिजराबें घिस-घिसकर बजा दिया–जैसा-तैसा !
भीतर के तहखानों से हम बाहर निकले
तो अब हम पूरी तरह बेघर थे–
रहने को घर ही नहीं था–
सो हम बढ़े एक-दूसरे के भीतर–
बेले की कुछ झाड़ियाँ थीं वहाँ–
और एक था पृथ्वी थिएटर–
गाय-वाय, हिरण-विरण, हंस-मोर-हाथी,
घोड़ा-टमटम-रथ-फिटिन, दुश्मन-साथी,
अक्षौहिणी सेना, द्वापर और त्रेता,
साधु-वाधु-बुद्धू-जोकर-अभिनेता,
गुरु-वुरु, शिष्य--विष्य एक-दूसरे के हम बने-वने !
खेल-खाल, गा-नाच, हँस-रोकर
अच्छा-सा एक नाट्य रचकर
कोई जगह और मिली नहीं
तो अन्ततः
एक उठल्लू समय में भी
आखिर हम बस ही गए
एक-दूसरे के वजूदों की सरहद पर !

धुनिया

जिस तोशक में बरसों पड़ी-पड़ी
चीकट हुई थी मैं–
रहता था उसमें मेरे साथ
एक बीज सेमल का !
धुनियाजी, दुनियाजी,
धुन देना मुझको रेशा-रेशा,
पर उसको नहीं छेड़ना !
झूला झुलाना हवा उसको
मेरे ही भीतर !
रत्ती-रत्ती फैलते रेशों में
देना पींगें तुम
इधर से उधर !
या फिर रहने देना
मेरे तिनकते अधर में लटकता कहीं,
मेरे ही ग्रहपथ में
उसके टहलने का इन्तजाम करना !
और सुनो, चाहे जितना धुनना–
पर इतना रखना खयाल–
आँखों में मेरी न छाए कभी धुन्ध इतनी
मेरे इन रेशों की
कि मेरे ही बीज का दीखना मुझको
होवे मुहाल !
देखो तो,

मेरा ही बीया
एक तरफ कैसे बैठा है—
शाइस्तगी से भरा,
कभी नहीं छलके आँसू-सा अखंड
और ठोस—
जरा-जरा काँपता हुआ !
धुनियाजी, दुनियाजी—
बजाओ जरा एकतारा
अपनी धुनकिया का !
जिस तोशक में बरसों पड़ी-पड़ी
थिगली हुई थी मैं—
उसकी वह खोल जो पड़ी है वहाँ—
छोड़ी हुई देह-सी
बिल्कुल निस्पन्द—तुड़ी-मुड़ी—
उस पर भी प्यार आ रहा है—
ऐसे बजाओ धुनकिया का इकतारा—
नाचने लगे खोल,
नाचने लगे सेमल,
नाचने लगे मेरे सेमल का बीया !
टूटने लगे घुँघरू रग-रग में हम सबके—
धरती की लय में धीमे-धीमे नाचते—
और फैलते
अम्बर की रुई की लय में—
रेशा-रेशा।

हरियाली है एक पत्ती का खो जाना

मेरे चारों ओर लकड़ियाँ हैं।
मेरा मन नहीं लगता।
एक कुल्हाड़ी भी है।
मेरा मन फिर भी नहीं लगता।
कुल्हाड़ी गाती है।
इसकी ठक्-ठक्-ठक् में छन्द है जरूर,
कुछ तो हो ही रहा है।
आखिर इन्हीं कुन्दों के / दरवाजे बनेंगे
और खिड़कियाँ...।
कुछ लोग जाएँगे, कुछ आएँगे !
कितनी बुरी बात है–
मेरा मन फिर भी नहीं लगता !
एक पत्ती मेरी थी।
वही दरअसल खो गई है।
अपने को डाँटती हूँ मैं रोज–
'क्या हुआ, पत्ती ही तो थी–
इत्ती-सी पत्ती–
हरी थी तो क्या–
आखिर इक पत्ती की क्या बिसात !
हरियाली इक पत्ती का नाम थोड़े है !
हरियाली है एक पत्ती का खो जाना
छतनार पत्तों के जंगल में !'
और ये जो कहीं

मन ही नहीं लगने का
        सारा चक्कर है–
दरअसल है एक जिद्दी धमक
किसी ठूँठ पर
        पत्ती के
        फिर फूट पड़ने की।
यही धमक
सुनती हूँ गई रात
ओस टपकती है जब
दुनिया की हर ठूँठ पर।

उसने कहा था

एक खरहा मैंने पाला था !
समय से भी ज्यादा थी
उसकी रफ्तार और
रंग उसका ?
जैसे कि झूठ हो सफेद !
माँ की छाती-जैसा ऊदा-नरम था वह।
और आँखें उसकी ?
रूहआफ्जावाले रंग की !
हर साल
पहली बारिश पर
उसको होती थी अजब झुरझुरी !
उसके वे सिहरे हुए रोएँ
जितना उठा सकते थे बोझ बूँदों का–
उतनी ही बारिश होती थी !
जितना उठा पाओ, उतना ही मिलता है–
तबसे ही जानती हूँ मैं–
पर चौंकी तो,
समझाकर जब बोला कोई–
'बातों का बोझ नहीं रखना मन पर–
इस बात का भी नहीं !'
बोझ ? बोझ बातों का ?
बोझ भला क्या बीजों की पोटली का ?
मजदूर-माथे पर

ईंटों की टाल भी अगर हो—
टाल पर रखी जो जाए
ये बीजों की पोटली—
ईंटों पर लतरती-पसरती
फूट ही पड़ेगी कोई पत्ती
एक छाँह-सी करती
पसिनाए माथे पर...
यह जो नहीं होने का होना होता है
यह जो अनउगे हुए का बोना होता है—
उससे ही आबाद है धरती !
और कोई जाने-न-जाने
अच्छी तरह जानती है—
खरगोश के खुर में फँसी हुई
ये इत्ती-सी भुरभुरी मिट्टी !
जानती है उसकी वो झुरझुरी !
कहीं नहीं खरगोश,
पर उसके खुर की वह मिट्टी
और उसके रोओं की झुरझुरी
है मेरे रोओं में फँसी पड़ी।
यह झुरझुरी
कितनी अलग है
उस झुरझुरी से
जो सूँघते ही खतरा
खरगोशों को
कर देती थी
एकदम से अधमरा—
युद्ध के दिनों में जब
राडार की तरह
भेजा जाता था उन्हें
पनडुब्बियों में बिठाकर अतल तक।

युद्ध गया–
　　गया कहाँ !
जारी है भेस बदलकर
　　हर मोर्चे पर !
पर इस समय तो
युद्ध के विरुद्ध
हो रही है बारिश–
और इस बारिश में
गुनगुना उठी है
　　मेरे भीतर के
　　खरगोश की झुरझुरी !
गुनगुना उठी है कि
　　भूल जाओ बाकी,
याद रखो इतना ही,
उसने कहा था–
　　बातों का बोझ नहीं रखना मन पर,
　　इस बात का भी नहीं !

पुनश्च

मैं हूँ तुम्हारी "पुनश्च" !
पूरा आलेख हुआ रखा था कॉम्पोज्ड–
डाक-टिकट, मुहर-वुहर, लम्प-लिफाफा–
रखा था सारा तैयार
कि तुमको याद आ गया सहसा–
अरे, यह तो रह ही गया !
थोड़ा इधर कौंधा, थोड़ा उधर,
कुछ तुमने रहने दिया,
कुछ के माथे पर बैठा ही दी तारिका
और जल्दी-जल्दी नीचे लिखा :
पुनश्च !
उस पुनश्च के घेरे में
होने को तो वह सब-कुछ ही होना था
जो कहने से छूटा था अब तक,
पर अफरा-तफरी कुछ ऐसी थी,
कुछ कहा गया, कुछ अनकहा रहा।
रेल-ठेल से ऊबकर
एक पंक्ति ने
तभी दूसरी से कहा–
'इसकी जरूरत ही क्या थी–
बेकार ही पेज गन्दा किया–
जब-तब टपक जाती है टप से
इनकी यह मुँहलगी पुनश्च !

कैसी बुर्राक साफ चिट्ठी थी–
कार्यालयी कारवाई की–
अच्छी तरह टंकित–
उस पर भी
पिछले दरवाजे से आ धमकी
आदिम स्याही से धुत–
हाथ से लिखी–
लिपी-पुती, पगली पुनश्च !
इस पर पुनश्च बेचारी यह
कितना लजाई !
खूब जानती थी वह
कि उसके होने-नहीं होने से
कोई तो 'फर्क नहीं पैंदा',
फिर भी वह थी,
थी तो थी ही–
छोटे पहाड़ी स्टेशन के
वृद्ध रेलवे गार्ड की
नन्ही-सी लालटेन की तरह–
बहुत देर से आनेवाली
किसी ट्रेन के
इन्तजार में ऊँघती।

पुनश्च : 'पुनश्च' के लिंगान्तरण के लिए क्षमा !

आजादी

हँसी

कोई बहुत अपना
उठकर जब चला गया
सिगरेट पी आने
दुनिया से बाहर–
        हमने सोचा–
'साँसें घुटती-सी हैं,
अब शायद हमसे भी जिया नहीं जाएगा,
कुछ खाया-पिया नहीं जाएगा।'
मन की यह बात भाँपकर
श्राद्ध के महाभोज में बँटती बूँदी हँसी,
हँसती हुई बढ़ गई
पंगत के अगले पत्तल पर !
इसी तरह लोककथा में
        कोल्हू का बैल हँसा
जब तेल में अपनी परछाईं देखकर
बाल-विधवा रूपसी तेलिन बोली–
'तो...बाल पकने को आए,
चलो, जिन्दगी कट गई
        इज्जत से आखिर !'
और बात पूरी होने के पहले ही
धड़-धड़-धड़क-धम-धम आ पहुँचे
राजा के घुड़सवार,
        उसे उठाकर ले गए
        जंगल के पार !

दुर्घटना के
काफी दिन बाद तलक हर बार
कितनी तो अनजान दीखी हमें
अपनी ही यह पेट-जायी हँसी।
साँस-साँय पसलियों में कुछ बहा।
क्या एक बँसवारी थी अपने भीतर ?
क्या इतने दिन धीरे-धीरे हममें भी
एक कच्चा बाँस पका किया ?

वनमेथी और महाश्वेता दी

जिन झाड़-झंखाड़ों से
छनकर आती है
भोर की पहली
चिड़िया की आवाज–
लाने गई है वनमेथी वहीं से वो !
माना, उबाल नहीं सहती है बासी कढ़ी,
        फिर भी वह छौंकेगी !
पत्तल परोसेगी,
        मटकों में पानी भरेगी–
सपनों का–
        कलकल, छलछल–
कच्ची ही नींद से जगे बच्चे की
अस्फुट बोली-बानी
        जैसा पानी–
कछमछ, डगमग,
तुम भी मटका, मग, बोतल भर लो
कि आती ही होगी पुरधाइन*।
डाँटेगी, लम्बा सफर है !
चोटी-पाटी निबटाओ जल्दी,
तैयार रहो, अभी आकर कहेगी–

---

* 'पुर' की 'धाइन'–पूरे जनपद/मोहल्ले की रोबीली मौसी जो सबकी बिगड़ी बनाती है और नॉनसेंस किसी का बर्दाश्त नहीं करती।

'अब बस उठो, चलो ! जैसी हो, चल दो–
दुनिया में एक यही काम है जरूरी–
यह चल पड़ना !'
अरसे से जोड़ रही है
        लुकाठियाँ,
लाठियाँ–
        टूटी पीठों पर बेमतलब जो !

कम-कम हँसती,
कम-कम फँसती
        बातों-घातों में,
        रातों में
        गाती हुई चकवा-साँवाँ,
बिरसा-मुंडा,
छटपट दामिनियों के ढोल थापती,
        नापती
        वामन डग में–
धरती-महुआ-गन्ध से मताई,
सताई
खटुआ-मिठुआ यादों की !
सिंहनी
        गर्भ-भार के थरथर,
        झर झर झर
        टपकेगा दूध अभी,
        कभी-कभी होता है ऐसा भी
कि दहाड़ से गन्ध आती है
        कच्चे भुट्टे की
और क्रोध से रजगज आँखें भी

दीखती हैं इतनी मुलायम कि जितनी
जनमतुआ* बच्चे की चानी**–
चुम्मा-तरल,
तेल से चपचप !

---

* अभी-अभी जन्मा।

** 'चानी' नवजातक के सिर का वह पुलुर-पुलुर हिस्सा होता है जिसमें धीरे-धीरे पुख्तापन आता है। नानियाँ-दादियाँ सरसों की कच्ची घानी का तेल पिलाकर इसे तर रखती हैं।

पूछताछ कार्यालय

यहाँ कभी कोई नहीं दीखता !
यह ब्रह्म का ऑफिस है शायद !
ब्रह्मभाव में बैठी होती है खाली-सी
बहुत बड़ी कुर्सी,
और लीलाभाव में पसरी होती है
टेबुल की धूल !
गोचर तो हो सकती है केवल माया ही,
सो गोचर होता है खाली गिलास
और एक टिफिन तीनमहला
जिससे लिपटा होता है आकुल-व्याकुल-सा
पॉलिथिन !
मोखों में पंख फुलाकर
सुस्ताते
पाए जाते हैं सब काम—गुटर गूँ !
कार्यालय भी तो आलय है—
काम का घर—
और घर में रखना ही चाहिए
घर का माहौल !
'आलय' माने 'घर' और 'घर' में
करें नहीं तो करें कहाँ भला आराम—
बेचारे काम।
पर देखो-कैसे—
अनपूछे प्रश्न बड़ी बेचैनी से

आस-पास टहल रहे हैं
पूछ-ताछ कार्यालय के–
प्रश्न जो जाने कब से
लग गए थे जान को,
यक्ष-प्रश्न जो बचपन में हमने पूछे थे
किस्सा-पचीसी के बाद की तन्द्रा में
अपने बुजुर्गों से,
प्रश्न जो पत्नियाँ और प्रेमिकाएँ
पूछती हैं हाँ-हूँ के बीच
अखबार-वाचन में लीन परमपुरुषों से,
प्रश्न जो खुद से ही
बार-बार पूछा करते हैं हम,
प्रश्न जो खुद से ही पूछते हैं बार-बार
अपने होने की वजह–
पूछताछ कार्यालय में
ऐसे कितने ही अनुत्तरित प्रश्न
मिला रहे हैं अपनी खोई-खोई आँखें
दीवार पर यों ही
फड़फड़ा रहे
पिछले बरस के कैलेंडर से !
खाली कमरे में पंखा तो बस कैलेंडर की ही खिदमत में
हैं खुला हुआ !
देख रहा है सब-कुछ चुपचाप
पूछताछ कार्यालय !
खुली हुई कुंडी पर लटका है
ढाबुस-सा तांला !
खोई हुई है
दुनिया के हर ताले की
चाबी–
क्या जाने कितनी सदियों से।

दीवार की अस्फुट आकृतियाँ

क्या अजन्ता होती हैं
        दीवारें सब जेलों की ?
अमिताभ मुद्रा में सब पर
        चॉक-कोयले से
क्या उकेरे जाते हैं यों ही बुद्ध-बुद्ध ?
दीवारें
        ठनके और बनके
        खड़ी होती हैं जब भी
        होती है एकदम ही साफ-सुथरी,
        एकदम ही सपाट,
        इतनी जितनी होनी नहीं चाहिए !
फिर उनके सीने पर बुझती हैं सिगरेटें,
तोड़ी जाती हैं निबें-नोंकें,
        पटके जाते हैं सर,
पोंछी जाती हैं खूँरेज उँगलियाँ !
कहते हैं, उनके भी होते हैं कान !
चिरकुट हो जाती हैं दीवारें
सब देखती-सुनती चुपचाप !
वक्त के पहले ही
        पड़ जाती है उनपर झुर्रियाँ।
        हो जाती हैं वे बिल्कुल ठंडी !
गिरती नहीं फिर भी !
        बनती हैं टेक तभी :

थोड़ा-थोड़ा थक गए,
फिर भी उठे हुए
हर अकेले आदमी के
भन्नाए सर की।
बारिश में जब भी दीवारों की
धीरे-धीरे उतर आती हैं चटकोइयाँ,
उग आते हैं उनमें चेहरे :
मैडम हॉलिंग्सवर्थ,
कव्वाल तिरपित बाई हों या
तिनपत्ता आजी–
या फिर दीवारों में चुनी गई
कोई अनारकली !
घनघोर बारिश में
दीवारों से रिसकर
या फिर उनकी उथली छत से टपककर
कुछ लोग
आपके भीतर
बूँद-बूँद
टपका करते हैं यों जीवन-भर
जैसे यह रात अधजगी-सी
केरल के अनजान कमरे की
दरकी हुई छत से
टपक रही है
मेरे कन्धों पर,
आँखों में, तलवों पर !

आजादी

बेटिकट सवारी को
तीन महीने कैद बामशक्कत
या जुर्माना सौ रुपैया !
एक गरीब आदमी की
आजादी की कीमत
        बस सौ रुपैया !
आजादी-आजादी-आजादी
बेटिकटी आजादी—बस सौ रुपैया !
एक गरीब आदमी भी
पहने तो राजा लगे—
सेकेंड हैंड आजादी—बस सौ रुपैया !
कहीं कोई छेद भी नहीं है !
काफी गरम है, नरम भी है !
उड़ते पंछी की डिजाइन है !
आजादी, बस सौ रुपैया !
जेब अगर खाली है
और टिकट इस कारण नहीं ली है
कि जेब है खाली—
तीन महीने कैद काट आइए,
वरना बस नोट ही बढ़ाइए
और मुग्धा नायिकाओं की मुस्कान
मुस्कुराकर कहिए—'सॉरी !'
'सॉरी' में भी एक 'सौ' तो है—
सौ सोनार की, एक लुहार की !

अँगरेजी यों भेजती है बमवर्षक विमान

शेक्सपियर ने यह नहीं चाहा था।
इतने नरमदिल थे जॉन डन, मिल्टन, विलियम ब्लेक–
अगर जानते वे यह–
उनको हो जाता बुखार !
वर्ड्सवर्थ अपना चश्मा उतारकर
टिंटर्न ऐबी पार करते और कहते–
"ये क्या हो रहा है ?
अँगरेजी क्या कर रही है ?
भेज रही है क्यों बमवर्षक विमान ?"

"कैसा बमवर्षक विमान ?" चौंके टॉनी ब्लेयर,
"अब तो दुनिया-भर में अँगरेजी
पैगम्बर-सी घूमती है,
मुस्कुराकर हौले से चूमती है
दूसरे भाषा-घरों के
छोटे-छोटे बच्चों का
उत्तप्त माथा–
उनके हाथों में थमा अपनी दुनिया का
कोई भी चकर-पकर तोहफा–
बुके/बुकर/फूलों का ताज/विश्व-सुन्दरी का खिताब।"

इतना सुनना था कि येट्स बढ़े आए
(बसती थी उनकी तो आत्मा यहीं)

और बीच में काटकर बात ब्लेयर की
बोले–"ये तोहफे...ये तोहफे दरअसल हैं
बमवर्षक विमान।"

आयोजित करते हैं दुनिया-भर में जलसे
भेजते हैं न्योते इंटरनेट से,
रँग देते हैं ये अखबार,
यों मचाते हैं तूफान–
हर देशी भाषा के लेखक के बच्चे
पूछते हैं अपने पिताओं से–
"पापा, अँगरेजी में आप क्यों नहीं लिखते ?
सरकारी स्कूलों में / आपको पढ़ाया था जो–
दादाजी प्यार नहीं करते थे क्या आपको ?"
एक बड़ा बम फूटता है यहीं आकर,
अँगरेजी यों भेजती है बमवर्षक विमान।

परीकथाएँ, नर्सरी राइमें और क्लासिक्स रीटोल्ड,
ब्लर्ब और प्री-व्यू, रिव्यू और इंटरव्यू-
मिलकर बनाते मगज में हैं डिज्नी-घर !

सेंध लगा देती है अँगरेजी
दुनिया के बच्चों के सपनों में यों ही,

एक बार घुसती है पिछले दरवाजे से,
फिर सामने आकर कहती है पूरे विनय से–
"मे आइ कम इन, बच्चे ?"

देशी भाषाओं के सिर नाचती-सी
मिथकों में यह प्रवेश करती है,

करती है यह प्रवेश चाय-पान की गुमटियों, ढाबों, अड्डों,
चंडूखानों की गपशप में ऐसे
जैसे कि बर्र बेर में !

पाब्लो नेरूदा के नाम

मैं एक गुड़िया–
काठ की पतुरिया भी नहीं,
माई के लत्ते की पुतुल।
पाब्लो नेरूदा मुझसे भी बोले–
"ऐसा है कि मैं आदमी होने से थक जाता हूँ
नाई की दुकानों से उठती गन्ध
मुझ रुला देती है जोर से !
मैं सिर्फ पत्थरों या ऊन का विश्राम चाहता हूँ।
प्रतिष्ठान नहीं, न बगीचे–
सौदा-सुलुफ, चश्मे, लिफ्ट, दर्जी की दुकान या सिनेमाघर–
कुछ मुझमें भरता नहीं कोई स्पन्दन !"
मैं एक गुड़िया, काठ की पतुरिया,
माई के लत्ते की पुतुल–
मैं, काश, उनको समझा पाती–
कितना कठिन है आरोपित विश्राम–पत्थरों का, ऊन का !
अस्पताल, दफ्तर या हड्डी के डॉक्टर,
दर्जी की दूकान हों या सिनेमाघर–
कितनी जरूरी है जाने को एक जगह, करने को एक काम !
अलगनी के कपड़ों से जो टपकते हैं–
वे आँसू गन्दे नहीं होते !
सस्ते डिटर्जेण्ट से धुला हुआ चमकीला दिन
ढाबुस तांले पर चमकता है,
ताला जो शाम को खुलेगा,

फेंकेगा चाभी मेरे मुँह पर
और देखेगा नहीं भूलकर
कभी मेरी तरफ !
किससे कहूँ और कैसे कहूँ–
मैं एक कोने में पड़ी हुई
गुड़िया होने से थक जाती हूँ !

मुसलमान क्या होते हैं,
अम्मा ?

बम

मैं कुटीर उद्योग हूँ देश का !
जिन शीशों की किर्चियाँ बन्द हैं मुझमें,
उनमें से कुछ दवा की बोतलें थीं—
एक था नई बहुरिया का आईना !
कुछ कीलें, कुछ हीलें, तार और चपड़ा—
इन सबके भीतर वो शून्य बड़ा-सा !
फटता तो है शून्य ही।
                फट पड़ता हूँ मैं तो
                ताना मुझे मारती है
                मेरी ही धरती।
देखने में लगता हूँ
        भोला-भाला गोनू झा !
शून्य मेरा
चिद्दी-चिद्दी-से अखबार में
        ऐसे लपेटा गया
        जैसे लड्डू प्रसाद का !
अखबार पर भुखमरी की
        सूचना की
        ठीक बाईं तरफ
        दूसरे कॉलम पर
        एक परेशान औरत
        चौथाई कपड़ों में
        पैंतालीस डिग्री की अँगड़ाई लेती है

क्या-क्या हिसाब बिठाकर !
अखबार के ऊपर
काफी जतन से लपेटे गये
गुड्डियों के मंझे धागे,
सुनहरी सुतलियाँ राखी-वाखी की !
अभी-अभी कितनी उड़ानें कि मुस्कानें
बम बोलेंगी—बोलबम,
और धरती की छाती फट जाएगी !

दंगे और कर्मकांड

मैं इन दिनों काफी परेशान हूँ–
शक करते हैं मुझ पर मेरे ही हाथ
जब ये दुआ में उठते हैं !
ठन्न ठमक जाता है माथा
जब बन्दगी में ये झुकता है।
बम के धुएँ से लहालोट लगता है
अगरबत्तियों का धुआँ !
अश्लील लगते हैं धार्मिक प्रपंच
उतने ही जितने कि हीरे
बाढ़-पीड़ित क्षेत्र में रसद टपकाते
महापौर की उँगलियों के।
लेकिन मयखाने की भाषा में बोलूँ तो
'मुँह की लगी' छूटती ही नहीं
छूटती नहीं मन्नतें, प्रार्थनाएँ !
अपडर जो जन्मे थे
बच्चों के साथ–
झूल रहे हैं पालनों में !
मन्नतें एक पुराना पालना है–
जानती है चिड़िया
बाँबी से तीन फीट ही ऊपर
झूल रहा है जिसका
नन्हा-सा घोंसला।

बेचारे पापा और सूक्तियाँ

सारे सुभाषित हैं
बदमाशी के मूड में।
घेराव करते हैं जहाँ-तहाँ,
झट रोक लेते हैं रास्ता !
पहले ये भले आदमी थे–
अपने रस्ते जाने देते थे।
इतना-सा बस इनसे रिश्ता था–
कमर झुकाए, पकड़े लालटेन
कभी-कभी सपनों में आते थे
और हाल-चाल पूछ जाते थे !
कविता में ढाल-ढाल
बेचारे पापा ने
जितने भी याद कराए थे
वे सारे नीतिशतक, उद्धरण सन्तों के
उनमें सबसे ज्यादा आतंकवादी मुद्रा
कन्फ्यूशियस की इस उक्ति ने पकड़ी है–
"कभी दूसरों से ऐसा
व्यवहार मत करना
जो तुम उनसे अपनी खातिर नहीं चाहते !"
ह्वेनसांग उस दिन मुझे दीखे
बैठे हुए चीन की ऊँची दीवार पर
हम्पटी-डम्पटी बनकर !
मैंने कहा–"इतिहास में घूमते-घामते

थक चले हैं क्या, सर ?
कन्फ्यूशियस से मिले हैं इधर ?
कैसे हैं फाहियान ?
याद है—स्कूल की पत्रिका में
आप पर एक कहानी लिखी थी,
हालाँकि वह कहानी हास्यरस की नहीं थी
लेकिन पढ़कर मैडम खूब हँसी थी !
मेरा मन रोने को हो आया था तो मैंने
साँस रोक ली थी !
उसी वक्त—एक तेज झटके में
कन्फ्यूशियस की वह सूक्ति
मेरे भीतर तड़ाक तड़की थी !
फिर कुछ दिन कुछ भी
न तड़का, न भड़का,
क्या जाने अब ये हुआ क्या—
कन्फ्यूशियस के अलावा
कभी-कभी मेरा
रोक लेते हैं रस्ता
नीति-शतक और दोहे रहीम के !
कल ही रहीम के मजार गई !
दिल को लग जाती है जैसे
तीर की तरह बात कोई—
धँसा पड़ा है तिरछा
धरती के सीने में
आज रहीम का मजार !
चढ़ा रहा है बूढ़ा कीकर
पत्तों की पीली चादर मजार पर !
कभी यहाँ प्याऊ रहा होगा।
दो मटके सिर जोड़े बैठे हैं अब तक !
जो कुछ भी हुआ चला जाता है—

टुकुर-टुकुर देख रहे हैं दोनों
ज्यों देखा करती है बकरी
खूँटे की रसरी।
टुकुर-टुकुर मैंने भी देखा उन्हें,
टुकुर-टुकुर देखे वे सब मशविरे
जो मेरी फटेहालियों में
तुरपई की सुई बनकर लगातार घूमे।
इतनी लम्बी-चौड़ी दुनिया में
कोई है या था या होगा
हमदर्द-सरीखा,
है कोई जो सब-कुछ समझ रहा है
और साथ खड़ा है—इसका भरोसा,
एक उमर काटने को बहुत है, रहीम !
ये ही वो पानी है जो रखना होगा शायद
ये ही वो पानी है जिसके बिना सब है सून—
मोती
मानस
चून !

पत्ता-पत्ता, बूटा-बूटा

माँ, प्रेमचन्द की कहानी में
वो जो एक हामिद था—
दादी के चिमटेवाला
यह जो इतनी मारामारी हुई है—
कहाँ गई होगी उसकी दादी ?
कहाँ गया होगा उसका चिमटा ?
क्या हामिद बड़ा हो गया होगा—
इतना बड़ा, खूब-खूब बड़ा ?
मुझसे लम्बा या मेरे जितना ?
क्या वह दादी को बचा लेगा,

मैंने तो देखा है—
ज्यादा बूढ़ी औरतें
दौड़ भी नहीं पातीं भगदड़ में !
माँ, तुम बूढ़ी मत हो जाना कभी !
भगदड़ का क्या है, माँ !
वो तो मचती ही रहती है
क्या पता—मैं कभी स्कूल में होऊँ
और मच जाए भगदड़
तो कौन तुमको बचाएगा ?
टीवी में देखा था न उस दिन—
दंगाई पहले तो औरतों के फाड़ते हैं कपड़े,
फिर पेट

बच्चों का सिर वे शायद
पत्थर पर यों पटककर तोड़ देते हैं
जैसे तुमने उस दिन बेल तोड़ा था
शरबत की खातिर !

मुसलमान क्या होते हैं, अम्मा ?
वही 'पंच परमेश्वर' के जुम्मन मियाँ, उनकी खाला,
हकीम अंकल और उनकी सेवइयाँ
'नीम के पेड़' सीरियल के वे
मीठी-खट्ठी, चरपरी भाषा बोलनेवाले
बाअदब, शाइस्ता लोग ?
अंडेवाले ? दर्जी ? और ताँगेवाला ?
जाकिर हुसैन और तबला और ताजमहल चाय
शाहरुख खान और वो अम्मा वो–
वो बूढ़ा इत्रफरोश
जो नानी के घर के पिछवाड़े की
छोटी-सी दुकान में
कभी नहीं बिकनेवाली खुशबूदार शीशियाँ
यों ही सजाए बैठा रहता है ?

और भी कहा होगा बच्चों ने कुछ-कुछ
अगल-बगल मेरे लेटे-लेटे,
कुछ सुना मैंने, कुछ नहीं सुना !
अन्तिम जो बात सुनी–वह शायद यह थी–
दिखा रही थी बेटी भाई को
इतिहास की किताब में
तस्वीर कोई
और कह रही थी–
ये देखो तो–कितना प्यारा था हुमायूँ !
मरने की खातिर उसने

ये कैसी शानदार जगह चुनी !
पुस्तकालय की सीढ़ियों से गिरा
और मजे से मर गया !
पढ़ते-पढ़ते उसको नशा आ गया होगा।

रात आधी हो गई थी
बेहद ऊमस थी !
दूर किसी के घर से
गा रहा था अस्फुट-से स्वर में ट्रांजिस्टर—
पत्ता-पत्ता, बूटा-बूटा हाल हमारा जाने है !

खाँसी

क्या जाने किस खाँ साहब-सी है–
यह जो खाँसी है !
कुछ देर तो खाँसी मुगलिया अदब
और शाइस्तगी की बनकर मिसाल
चुपचाप बैठी रहती है
फिर सोचती है कि कितना दबे
और निकल आती है बाहर।
एक चम्मच मुगलीघुट्टी और जोशांदा,
एक चम्मच च्यवनप्राश–
अपनी इस विकट कुकुरखाँसी का
कोई तो होगा इलाज !

तोस-भरोस

पत्नी

ई.सी.जी. कक्ष में
बिजली के तारों से बिंधी हुई,
लेटी हुई टेबुल पर
एकटक देख रही है मुझको
अपनी उस फीकी मुस्कान के साथ
जो इतने दिन वह मुस्कायी
मेरे हर अनाचार पर !
इधर-उधर छितरा गये हैं
उसके निढाल ये उरोज !
छितरा गये हैं दिन इधर-उधर
जैसे-तैसे बीते साथ !
टेबुल पर लेटी हुई है,
पर लगता है–
खड़ी है किसी जहाज के डेक पर !
अब किसको तंग करूँगा, छेड़ूँगा किसको ?
याद आ रहे हैं हेमिंग्वे !
वर्षों के युद्ध से थका सैनिक
पूछता है वेश्याओं के बारे में
"नई नहीं हैं लड़कियाँ ?
युद्ध का रसद बनकर आईं
ये पुरानीवालियाँ तो
दोस्त बन गई हैं अब सारी।
कैसे करें इनसे ज्यादती ?"

मोतियाबिन्द

एक हँसमुख-सा बुढ़ापा
कन्फ्यूशियस के कानों-सा विस्तीर्ण
बैठा है सामने !
कुछ उसको अब चौंका सकता नहीं,
हिला नहीं सकता कुछ :
वह एक चट्टान की सरहद पर
खिला हुआ हिमपुष्प है !
        मुहल्ले के सारे नवासे-नवासियों की तरह
        करती हैं उससे अठखेलियाँ
        चाँद और सूरज की आवारा किरणें
        जो खुद को चन्द्रवंशी, सूर्यवंशी नहीं कहतीं।
माहिर खिलाड़ी है,
        तलभेदी आँखें हैं उसकी–
अपने मोतियाबिन्द से चुटकी लेता हुआ
कहता है वो–
बिन माँगे मुझको तो सचमुच के मोती मिले यारो,
एक निश्चिन्त-से अँधेरे में गुम हूँ,
सब आँसू सूख गए,
बन्द हुए आँखों से मोती झड़ने के सब सिलसिले।
        आँखों में इत्ता-सा पानी बचा है–
        मोड़ रहा है रास्ता
        दुनिया की हर रोशनी का
                एक बड़ी सख्तजान-सी बूँद बनकर

ये आँखों का पानी !

एक-एक किरण तोड़कर
रच रहा है एक इन्द्रधनुष–
आँखों के हरे अँधेरों में।
तोड़ रहा है किरणें
शिव के धनुष की तरह,
लेकिन मुझे उससे क्या–
सावन के अन्धे को हरा-ही-हरा सूझता है।
हा-हा-हा–
आँखों में इत्ता-सा पानी बचा है–
एक बड़ी सख़्तजान-सी बूँद बनकर !

कैदियों के जूते

राजा हैरान था।
क्या जाने क्या बात थी !
न कहीं आना, न जाना—
लेकिन हर सुबह कुछ और घिसे
        पाए जाते थे
        कैदियों के जूते !
बैठक बुलाई गई मन्त्रिपरिषद् की,
देर तक होती रही माथापच्ची कि
छह-बाई-छह की इत्ती छोटी बैरक में
घिस कैसे जाते हैं कैदियों के जूते।
जासूस छोड़े गए नींद तक में,
        तब जाकर पता चला—
        रात के तीसरे पहर
        खुलता है सपनों का
                एक बड़ा तहखाना
        चोरबगीची के मुँह पर
        और रात-भर नाचते हैं वहाँ
                सारे के सारे कैदी !
पाजेबों-सी झन-झन-झन बजती हैं उनकी जंजीरें
        किए-अनकिए सारे अपराधों की लय पर
        नाचते हैं रात-भर
और नाचते-नाचते घूम आते हैं सारा ब्रह्मांड
        एक ही रात में !

फिर दिन-भर लगातार
चकराता रहता है उनका सर।
सोचते हैं कैदी–
सिर तो उतार लिए थे
कैद के पहले दिन ही,
फिर वह क्या है जो
ऐसे हिलता है
कन्धों पर अब भी।
नहीं जानते वे कि
एक छोटी-सी पृथ्वी ही
नाचती है
उनके कन्धों पर–
शायद हम सबके कन्धों पर !
कितनी असंख्य पृथ्वियों का नर्तन
लगातार ढोती है यह पृथ्वी–
पृथ्वी–जो खुद जाने किसका सिर है
अपने कन्धों से
छिटका हुआ,
किसके कन्धों से छिटका
सिर है यह
पृथ्वी ?

छिटकी हुई ईंटें

इनको कहते हैं 'छनकाह' !
एक चोट में पिनककर
        ये आ जाती हैं बाहर
        दीवार के !
इनके छिटक जाने से
        गिरती नहीं है दीवार मगर
        सकपका जाती तो है।
        हम-जैसे लोगों का फिर वह
        बन जाती है एक उपमान !
        जो भी हमें देखता है
                वो कहता है–
        'खिसकी हुई है यह,
        एक ईंट खिसकी है
                इसके दिमाग में कहीं !'
वापस नहीं मिलती
इनको इनकी छूटी जगह मगर
छिटकी हुई ईंटें
किसी-किसी तरह फुटपाथ पर
कर ही लेती हैं
        काम का जुगाड़ !
        दो-चार छिटकी हुई ईंटें
        सटकर बन जाती हैं चूल्हा !
        भात पकाते हैं तब इन पर

पुरबिया मजूर
गाते हुए बिदेसिया !
सूखी पत्तियों का धुआँ
ढँक लेता है सारी धरती को–
'तीसरी कसम' के हीरामन के
शर्मीले 'इस्स' की तरह !
पंक्चर टायरवाली
हर लँगड़ी गाड़ी को
सरेराह अपने कन्धे का सहारा
देती हैं ये ही छिटकी ईंटें !
'ईटालियन' जो कहलाते हैं
फुटपाथी सैलून–
इन छिटकी ईंटों के दम से !
छिटकी हुई ईंटों के ही पीठासन पर
दाढ़ी बनवाता हुआ आदमी
होता है दुनिया का
सबसे बड़ा शाहंशाह !

भरोसा

कौन था वह मेरा ?
पिछले पचीस मिनट का साथ था उसका–
उसमें भी हम दोनों में से
कोई एक शब्द नहीं आपस में बोला था !
चुपचाप वह रिक्शा चला रहा था !
ढो रहा था मेरा पूरा वजूद !
पूरी गठरी मेरे 'होने' की
सिमटी पड़ी थी उस रिक्शे पर !
एक मोड़ पर मैंने कहा–
"जरा रुकना, अभी आई",
पर फिर मैं ऐसी फँसी
कि जाने कब लौटी !
लौटी तो देखा–
अपने उस रिक्शे की हैंडिल से
पीठ टिकाए
आराम से वह खड़ा था वहीं
जहाँ छोड़ गई थी उसे मैं।
ढूँढ भी नहीं रही थीं मुझको
उसकी आँखें !
हालाँकि बाजार खचाखच भरा था
और पैसे दिए बिना ही भाग लेने के
कई रास्ते थे,
पर उसको था भरोसा कि मैं लौटूँगी–
तब ही इतनी देर से

इन्तजार में
बिल्कुल निश्चिन्त खड़ा था !
"देखा न"—खुद को ही मैंने समझाया,
"होता है, पर इतना दुर्लभ नहीं होता—
आदमी का आदमी पर भरोसा !
लेकिन विचित्र बात यह है कि
अक्सर वह होता है वहाँ
जहाँ हमें होती नहीं बिल्कुल
उसकी उम्मीद।
टुइयाँ-सी चीज है भरोसा !
हमने उसे कहाँ-कहाँ नहीं ढूँढ़ा !
दोस्तों की आँखों, भाई की पॉकेट,
दादी के बटुए, बच्चों के गुल्लक से भी
वह जाने कब और कैसे
झड़ गया था !
प्रेमियों ने उसका करा रखा था
फिक्स्ड डिपॉजिट-सा।
सुबह-सुबह रोज फोन करते थे
एक-दूसरे को
कि कैसे क्या करें, कहाँ-कहाँ कतरें जरूरतें
जो वह अक्षुण्ण रहे,
पर टूटना ही था उसे—
सो वह टूटा—
सपनों की अबरक की तरह
अचानक—खच् से !
और फिर चमका
तो कई बरस बाद एक दिन
अनजान आँखों में चमका
जैसे कि घास में चमकता है कोई
अग्निगर्भ कीड़ा !

भाईचारा

एक कवि दूसरे से मिलता है
वैसे नहीं जैसे
मिला था सिकन्दर से पोरस,
वह मिलता है जैसे
दीवारों से मिलती हैं सेंधें
या मुजरिम से कोई जासूस–
चाहता है वह कि पा ले सुराग–
        कहाँ-कहाँ जाता है,
        मिलता है किससे, क्या जात है इसकी ?
        क्या किसी से कोई प्रेम है इसे ?
        कैसे चलाता है अपना घर ?
        कैसे हैं इसके बीवी-बच्चे ?
खोजी कुत्तों की तत्परता से
        वह बढ़ता है सूँघता
दूसरे कवि की
सफलता-विफलता की सारी सुरंगें
जिनमें वह इतने दिन छिपा हुआ
        करता रहा छिटपुट
                खटखुट !
इसको ही कहते हैं शायद भाईचारा !
बचपन में सोचा करती थी–
                क्यों मौसेरे ?
        चचेरे नहीं क्योंकर कहे गए

हिन्दी कहावत के दो चोर !
शायद इस खातिर कि बँटवारा
खंडित करता है भाईचारा !
नजदीक होते हैं मौसेरे भाई क्योंकि उनकी
बँटती नहीं है कमाई !
कवियों का आपस में होता है सब साझा—
देश-काल एक, और एक भाव-भाषा।
चकबन्दी का मामला ही यह न्यारा है,
सीमाएँ धुँधली हैं, फिर भी बँटवारा है !!

दुविधा

दुविधा है
छोटी-सी चिड़िया—
बिजूके की छाती में ही
घोंसला बनाकर जो रहती है,
ऐन बिजूके के कन्धे पर यों ही कुछ-कुछ
चुटुर-पुटुर करती है।
नीली-पीली-सी वह चिड़िया है !
नीली इतनी जितनी पीठ—
कोड़ों से दागी हुई,
पीली इतनी जितनी
दूल्हे की पहली घुड़की से सहमी लड़की !
पीली—पर ठनी हुई—
            प्यारी किसी जिद्-सी !
कन्धे उचकाता है क्रोध में बिजूका।
एक रात लेकिन जब पाला गिरता है—
उसके हँाडी-मुख पर घिर आती है
एक चिन्ता-सी
और पूछता है वह
अपने पुराने ही सुर में
दहाड़ता हुआ—
"मुझ काठ के जीव के भीतर
एक अलक्षित डर-सी बसी हुई चिड़िया—
तुम जिन्दा तो हो, बोलो—हो तो ?"

चिड़िया कहती है—"मैं हूँ न, हूँ—
ऐ बिजूके मेरे, जिन्दा हूँ
तुम्हारी फटी कोट की जेब में—
जिन्दा हूँ जिन्दा रहती है ज्यों उम्मीद
दुनिया में सब उल्टा-पल्टा
घट जाने के बावजूद,
कभी नहीं मिल पानेवाले के
कभी नहीं मिल पाने के बावजूद !

घुमन्तू टेलीफोन

हद्द चलै सो मानवा, बेहद चलै सो साध,
लेकिन न हद, न ही बेहद–
एक बन्द मुट्ठी मेरी सरहद !

जा तो कहीं भी सकती हूँ–
लेकिन इस आदमी की जेब में।

तार जोड़ सकती हूँ
अपने दिमाग का कहीं से–
लेकिन इसके अँगूठे के नीचे।

जब यह सो भी जाएगा–
तकिए के नीचे दबाएगा मुझको !
टिक्-टिक्-टिक् सुनती हुई
इसकी कलाई-घड़ी की–
चुपचाप मैं दर्ज करती रहूँगी
अपने सीने में इसकी खातिर
एस.एम.एस.।
जगह-जगह से आएँगे ये सारी रात,
दहकेंगे ये गुपचुप सन्देश
भर-रात मेरे अँधेरों में
सपनों-स्मृतियों की
बिल्ली-आँखें बनकर :

अम्मा की हारी-बीमारी,
मौला की कोर्ट-कचहरी,
ऑफिस के सब रगड़े-झगड़े !
अफरा-तफरी के वे
कितने अधूरे-से, उत्तप्त चुम्बन !
कितनी घुटी-सी पुकारें !
हल्की रुलाई की
अवरुद्ध, बेचैन कई सिहरनें
करती रहेंगी मुझमें छटपट भर-रात।
घायल कबूतर के पंख भरे हैं मुझमें
जो बेखयाली में
एक-एक कर नोंच फेंकेगा
यह कल तक :
कहीं-कहीं कुछ रोएँ सहलाता
कभी बीच में रुक भी जाएगा !

कितनी भी हो आधुनिक दुनिया—
प्राचीन रहती हैं अभिव्यक्तियाँ
प्यार की, नफरत की !
अमरीकी महाध्वंस के पहले
होती थीं जैसी बगदाद की सड़कें :
हूँ मैं कुछ-कुछ वैसी

आधुनातन बाजारों के ही समानान्तर
सजे हुए हैं मुझमें
हाट पुराने—मीनाबाजार,
जैसे कि भग्नावशेष पुरातात्त्विक
महानगर की छाती पर।

कैलेंडर

एक दफ्तरी चाहिए !
बाइंडिंग खुलने लगी है !
कोई माहिर जिल्दसाज यहाँ आए
पन्ने पर पन्ना बिठाए !
चाहिए गोंद की बड़ी शीशी,
दातौन की कूँची,
धागा-सुआ-कैंची !
हर घर को जिल्द चाहिए
कूट और कैलेंडर की !

फटकर ठिठुरती किताबों का
शाहाना हैं ये लिहाफ–
यही कैलेंडर !

कैलेंडर बुर्का भी हैं
दरकी दीवारों का !
किसी बड़ी बी की तरह
इनकी ही ओट-तले
दीवारें कहती हैं किस्से–
जंग-जेहाद-मुफलिसी के,
दोस्ती के, दुश्मनी के,
उन दिनों के
जब घी

रुपए का एक सेर मिलता था,
लाहौर की बेटियों-बहुओं को
चूल्हों में सर झोंकना ही नहीं पड़ता था !
हर घर में आती थी
रबड़ी-जलेबी-कचौड़ी
गरम-गरम दोनों में
चौराहे के हलवाई से ही !

कैलेंडर
दूध और अखबारवाले की
एक बड़ी सख्त हाजिरी
जिसमें कि प्रॉक्सी नहीं चलती !
कैलेंडर जीवन की
बची हुई हरियाली–
तोता-हिरन-शेर और घने जंगल
हँसते बूढ़े-बच्चे,
हँसती हुई औरत–
बचे हुए हैं इन्हीं में
अब तक !

एक दफ्तरी चाहिए !
तिथियों के पार इन्हें ले जाए !
चिन्दी-चिन्दी जिन्दगी पर
एक टिकाऊ, सुन्दर जिल्द चढ़ाए !

लघु पत्रिकाएँ

गिलहरियाँ हैं ये भाषा-वन की !
दरवाजे के नीचे से ये सरक आती हैं आपके घर में !
पा आपको ऊँघता दोपहर में
करती हैं सब कोनों-अँतरों की परिक्रमा !
ठोंक-बजाकर देखती हैं अभिभावक-सी
ठीक-ठाक है तो सब !
देश-काल की वीथियाँ लाँघकर आती हैं,
फिर भी थकी तो नहीं दीखतीं !
सन्धान-विह्वल ये, चिर्चंचल
आती हैं खुफिया पुलिस-सी—
मूँछों पर मलकर मकरन्द,
दीखते नहीं इनके पेटी-कमरबन्द,
पर लैस लगती हैं अदृश्य बूटों से—
चुस्त और चौकस,
यति-गति-सजग और मुक्तछन्द !
दाँतों में तिनके दबाए हुई आती हैं :
वे तिनके जो काल-नद में कभी डूबतों का सहारा बने थे।
तिनके ये होते हैं घोंसलों के—
इतिहास की डालियाँ टूटने से जो छितरा गए थे !
जिन कोटरों से निकल कर ये आती हैं—
वनदेवियाँ उनमें रख जाती हैं
नागमणियाँ !
जंगल की बीहड़ रातों में जब

चाँद का भी पेट्रोमैक्स
काम नहीं करता
टॉर्च जलाती हैं यही नागमणियाँ
और देखती हैं–
बड़े श्रम से इधर-से-उधर दौड़ती
रामेश्वरम् पुल-सा कुछ अब तक
बना रही हैं कैसे गिलहरियाँ ! !

बुखार

ये क्या मेरी आँखें चुँधिया रही हैं
या सर्चलाइट है कोई
जो बढ़ी आती है रास्ता टटोलती
मेरी अँधेरी शिराओं में ?
जख्मी सैनिकों की तरह
पढ़ी-अनपढ़ी सब किताबों से
पंक्तियाँ छिटककर बढ़ी आ रही हैं
गिरती-पड़ती...
डली-अनडली चिट्ठियों से
अचानक की धूल झाड़
शब्द उठ गए हैं...
क्या घुमड़ रहा है यह ?
यह गर्द कैसी है ?
क्या हो रहा है ?
किया-अनकिया—सब सिरहाने धरा है !
जिया-अनजिया—सब घुमड़ क्यों रहा है ?
क्या जल रहा है ये, क्या बुझ रहा है :
यह जो चिरायँध-चिरायँध धुआँ है—
उसका भी कोई तो एक चेहरा है !
चेहरा है यह क्या उसका कि जो हो सकता था,
        लेकिन नहीं हुआ ?
क्या है यह ? क्या वो ही सहमी-सी छाया है

जो जीवन-भर मेरे साथ रही पड़ी हुई
होने-न-होने के बीच,
बीच करने-न-करने के ?

अनपढ़

छेनी-हथौड़ी से
मेरे सिलबट्टे पर
वो एक मछली-सी
गोद रहा है !
गोद रहा है मछली—
मस्ती में
मेरे सिलबट्टे पर !
कैसे कह दूँ उसको
लिख लोढ़ा पर पत्थर ?
उसने बदल दी है
मेरे पत्थर की तकदीर।
मछली है
तो एक सागर भी होगा
इस पत्थर के भीतर।
पत्थर में
पानी की सम्भावना,
बालू में तेल का निर्झर
जीवन लबालब किए है !
पत्थर की ही लकीर
हैं उसकी बातें !
कूटता हुआ
मेरा सिलबट्टा
गुनगुना रहा है जो गाना—

उसके रग-रेशों में
ऐसे ही फँसी पड़ी हैं
उसकी स्मृतियाँ
जैसे सिलबट्टे के
पोर-पोर से रिसती–
पिसी हुई धनिया
धानी-धानी, अभिमानी,
पानी-पानी, गमागम !

खुरदुरी हथेलियाँ

हालाँकि ज्योतिषी नहीं मैं,
दानवीर कर्ण भी नहीं हूँ–
पर देखी हैं मैंने
फैलती-सिकुड़ती हथेलियाँ
कई तरह की !
हाथों में हाथ लिए और दिए हैं कितनी बार !
जानती हूँ ये भी–
दुनिया का सबसे मजबूत और नाजुक पुल होते हैं
दो लोगों के बढ़कर मिले हुए हाथ !
धुर बचपन में रेडियो से
पूछा करते थे जब मुहम्मद रफी–
'नन्हे-मुन्ने बच्चे, तेरी मुट्ठी में क्या है ?'
'मुट्ठी में है तकदीर देश की'–सुनने के पहले ही
पीली लेमनचूस से चटाचट अपनी नन्ही हथेली
लगते थे जेब में छुपाने हम !
एक उमर जीने के बाद उड़े
हाथों के तोते
छोड़कर हथेली पर
उड़ने के पहले की सिहरन से थर-थर
धानी-हरे रोएँ !
कल एक बरतन-पोंछेवाले जूने से छिदी हुई, पानी की खाई,
सुन्दर-सी, खुरदरी हथेली
तपते हुए मेरे माथे पर

ठंडी पट्टी-सी उतर आयी !
मारे सुख के मैं
सिहर ही गई !
फिर पानी की खायी
उसकी वे उँगलियाँ उठाकर
देर तक सोचती रही—
निचली सतह का तरफदार,
आबदार, सीधा-सरल होने के बावजूद
पानी खा पाता है कैसे भला
मांस-मज्जा
दुनिया की सबसे पानीदार,
नमकीन, कामगर हथेली की ?

मिथिला पेंटिंग

दतुवन की कूँची है
गेरू में ऊभचूभ !
सपने लिखते हैं अहिवात
मेरे समय का
मेरी स्मृतियों के चौकोर में !

चौकोर में पूरी कायनात–
तालमखाना, सावाँ-चकवा,
पउती, कजरौटा, सिन्होरा,
लहठी, पेरुकिया, मछरिया,
नागिन, पिटारी, बँसुरिया,
विद्यापति, उगना, लखिमा रानी,
सुग्गा-सुग्गिन भारती के,
फँसे हुए महाजाल में सुग्गे गाते हैं,
गाते हैं रटे हुए दोहे–
"शिकारी आएगा, जाल बिछाएगा,
दाना डालेगा–भूल से उसमें फँसना नहीं !"

हँसती है वृद्धा की टिकुली,
हँसता है आँखों का दीया !
हँसती है रोहू की छटर-पटर,
हँसता है सेमल का बीया !
हँसते हैं, वाचस्पति के ग्रन्थ हँसते हैं,

हँसती है भामतिया टीका !

हँसते हैं महाकाल, हँसती है काली,
हँसती है भटकोइयाँ की भींगी खुशबू
हँसता है बंगाल का काला जादू !
हँसते हैं, हँसते हैं ये मेरे ख्वाब भी
उड़नछू,
हैं ये उड़नछू, उड़नछू हैं !
उड़ भी गए लेकिन तो क्या–
'छू' की छनक इनमें बाकी रहेगी,
एक धमक इनमें बाकी रहेगी।

परमगुरु

मैं नहीं जानती कि साम्य मेरी आँखों का था
या मेरे भौंचक्क चेहरे का,
लेकिन सरकारी स्कूल की
उस तीसरी पाँत की मेरी कुर्सी पर
तेज प्रकाल से खुदा था–'उल्लू' !
मारी हुई लाज से
कभी हाथ उस पर रखती थी, कभी कॉपी,
लेकिन पट्ठा ऐसा था,
छुपने का नाम ही नहीं लेता था !
धीरे-धीरे हुआ ऐसा–
खुद गया मेरा वह उपनाम
मेरे वजूद पर !
और मैंने उसको जगह दे दी–
कोटर में–अपने ही भीतर !
तब से मैंने जो भी किया–
उसमें उस परमगुरु का
इशारा भी शामिल था !
फिर एक दिन जाने क्या हुआ,
मेरे भीतर का वह उल्लू उड़ गया,
और वहाँ रहने चला आया
सावधान पंजोंवाला एक काला बिलौटा !
एक उमर जीने के बाद मैंने गौर किया–
उल्लूपन्थीवाले दिन कितने अच्छे थे !

हमारे अँधेरे समय में
उल्लू की आँख-भर ही तो बची है–
अगर बची है कहीं रोशनी,
इसीलिए उल्लू बनने में
नहीं होनी चाहिए शर्मिन्दगी !
कैसे हम भूल जाएँ आखिर
कि उल्लू बनने की प्रक्रिया
में शामिल है आदमी का
आदमी पर भरोसा !

धोखा

कुछ झूठ होते हैं एकदम झक् सफेद
अभी-अभी जन्मे हुए मेमने–
ऊदे, गरम, मुलायम, टुनमुन !
कुछ धोखे होते हैं हल्की पीली पंखुड़ी
वैसे गुलदस्ते की
जो आपको अस्पताल में मिला हो।
हँसते हैं वे एक मजबूर बाप की हँसी !
चन्द्रखिलौने की जिद करता है जब बच्चा,
माँ कहती है–"अच्छा, कल लाऊँगी, बेटा,
अब सो जा।"
यह क्या कोई होता है धोखा ?
झूठी-मूठी, मीठी-मीठी-सी झपकी
है शायद यह जिन्दगी भी !
हमारी तरफ एक व्यंजन बनता था
जिसको कि कहते थे 'धोखा'–
बेसन का बनता था, लगता था मछली के जैसा !
धोखा खाना एक अनुपम उपलब्धि थी–
उन सबकी जिनके घर
मछली नहीं बनती थी !
किस्सा चलता है कि कोई था
जिसे नहीं था माछ मांगुर खरीदने का पैसा !
नदी किनारे भात लेकर वह जाता था बैठ
और लहर पर उछलती मछली इंगित कर

खाता था एक-एक कौर उठाकर स्वाद से
अपने मन में बुदबुदाता हुआ–
“ओइ माछ, एई भात,
एई भात, ओई माछ।”
तो क्या वह खुद को ही देता था धोखा ?
कल्पना की जीभ का भला क्या मुकाबला !
भूखे ही ऐंठ रहे लोगों को भी
खाने को मिल जाता है धोखा !

पुराने दोस्त

वे आपके भीतर के ऊन में रहते हैं–
नेप्थलीन की टिकिया बनकर !
चिट्ठी नहीं आती उनकी कभी, फोन भी नहीं
लेकिन
टेलीफोन की डायरी में
सबसे ऊपर लिखते हैं वे
सुन्दर हर्फों में
आपका पता
हरी रोशनाई से,
हरी रोशनाई से जैसे लिखा होगा
खुदा नें वजूद कभी पेड़ों का !

बच्चों को जब-तब सुनाते हैं
वे आपकी सूफियाना वफादारी,
खुद्दारी, बेखुदी के किस्से,
किस्से जो कभी-कभी सच भी नहीं होते,
और भला कौन माई का लाल
कह सकता है आखिर झूठ इन्हें !
किस्से कि जैसे–आप इतने कल्पनाशील थे
कि हाथों पर बॉलपेन से
फूल बनाकर सूँघ लेते थे !
खट्टे-मीठे झूठे सच कुछ तो
घुलते ही हैं मुँह में हम सबके–

बनकर लेमनचूस चन्दामामा वाली !
कभी-कभी कहते हैं वे जीवनसाथी से–
        एक वही, एक वही है
        जो मुझको करेगा हताश नहीं,
        इस बार जाता हूँ उससे ही माँगने मदद !
लेकिन फिर अज्ञात भय से
वे लौटा देते हैं
आपके शहर का टिकट,
कहते हैं घर आकर–
        'इन्तजाम हो ही गया !'
इस तरह से वे बचाकर
रखते हैं विश्वास
जैसे कि चाँदी का
एक सगुनिया रुपैया
रखती थी बचा-बचाकर दादी
चवन्नियों-अठन्नियों की
आनी-जानी माया के बीच !

हाँ, पुराने दोस्त आपके भीतर के
ऊन में रहते हैं
फेनाइल की टिकिया बनकर !

दलाईलामा

दलाईलामा लगातार हँसते हुए
सम्बोधित कर रहे थे
एक बड़ी जनसभा !
दुभाषिया बहुत गम्भीर था।
उसको हँसने की फुर्सत ही नहीं थी !
अंग्रेजी के जाल में सावधानी से
पकड़ रहा था तिब्बती भाषा की तितलियाँ
जो लामा के फूल जैसे होंठों से उड़ती-उड़ती
कभी तिब्बती बच्चों के कान पर बैठ जाती थीं
कभी उनकी माँओं के चमकीले परिधानों पर—
जो उनकी शादी के जोड़े थे शायद !
(गिने-चुने आयोजनों पर निकलते थे,
फिर भी किनारों से फटने लगे थे !
वैसे, चमक उन पर
खूब महीन जरी के काम की
अभी बरकरार थी—
बूढ़ी आँखों में उम्मीद की इक टिमक जितनी !)
आर्य सत्य समझा रहे थे दलाई लामा !
कुछ कहते-कहते जो हाथ उठाया—
उनकी बाईं बाँह पर मुझको दीखा
बचपन में कभी पड़ा चेचक का टीका,
और फिर सहसा ही कौंधा—

'अरे-अरे, यह ऐसी बातें करनेवाला
इसी लोक का है, इस युग का है और
आदमी है !'
मेरे बिल्कुल सामने
प्रवचन-मग्न बाबा के कन्धों पर बैठे
इस गुलथुल बच्चे की तरह कभी
गुटुर-गुटुर दूध पिया होगा उन्होंने
खुद दुधपिलाई उठाकर,
खुद पोंछ ली होगी नाक कभी स्वेटर से
माँ को कहीं काम में मग्न पाकर !
क्या जानते हैं हम तिब्बत के बारे में–
दलाई, राहुल सांकृत्यायन और रेनपोचे, मॉनेस्ट्री,
चाउमीन, सस्ते स्वेटर-चप्पल, चीन, बरफ,
खोई आँखें, भोले चेहरे और वफादार कुत्ते !
आर्य सत्य क्या करता होगा
चिन्दी-चिन्दी बिखरे जीवन के
अनार्य सत्यों का ?
सच्चाई की भी क्या होती है श्रेणियाँ ?
अलग-अलग होती हैं जातियाँ
सच्चाई की भी ?
ऊपर परम सत्य,
नीचे फिर और क्षुद्र सच्चाइयाँ :
भूख-प्यास, गर्मी-सर्दी, मोह-क्रूरता,
प्रेम और नफरत–
सचमुच क्या होते हैं ये सत्य क्षुद्रतर ?
दलाई, आप ही बताएँ–
ऊँची-नीची होती हैं क्या
सत्य-मेखलाएँ–
जैसे पर्वत-शृंखलाएँ ?

मैं तो किसी छोटे-से सच की
गहरी गुफा में रहूँगी,
कभी-कभी मिलने आऊँगी, दलाई तो
बाकी बड़े सत्य तब ही समझूँगी !

दलित महासंघ की बैठक से लौटते हुए

इसी तरह होती होंगी क्या
बैठकें बज्जि महासंघ की
जिसमें कभी बुद्ध आए थे ?
रास्ते-भर याद आती रही
बज्जिका लोककथा की चिड़िया !
चिड़िया करती थी फरियाद–
'का खाऊँ, का पिऊँ, का ले परदेस जाऊँ',
पर कोई बढ़ई नहीं चीरता था वह खूँटा
जिसमें उसका दाना अटका था !
अन्त में एक चींटी काम आई !
हाथी की सूँढ़ में घुस जाने की हिम्मत
उसने ही दिखलाई !
'भय बिनु होहिं न प्रीति' के तर्क से
हाथी समुन्दर की ओर बढ़ा,
समुन्दर बढ़ा आग की ओर,
आग बढ़ी लाठी की तरफ
और तब जाकर बढ़ई भी
खूँटे की ओर मुखातिब हुआ !
खूँटा अभी भी, पर, चिरा नहीं है !
फँसा पड़ा है अन्न का वह दलित दाना !
देख रही है घर की मुर्गी यह–दाल बराबर !
चिड़िया, चींटी, मुर्गी–जो भी कहो हमको–

वाल्मीकि का था जो सीता से,
भाव का अभाव से :
रिश्ता है वही हमारा तुमसे।

बेरोजगार

किसी कॉलसेण्टर का
घचर-पचर-सा रतजगा जीवन—
क्या जाने कब बन्द हो जाए !
इन दिनों पढ़ता हूँ बस पुरातन
लिपियाँ
सिन्धु घाटी सभ्यता की पुरातन लिपि
पढ़ लेता हूँ थोड़ी-थोड़ी।
हर भाषा है दर्द की भाषा—
जबसे समझने लगा हूँ—
चाहे जिस भाषा में लिखी हो
मैं बाँच सकता हूँ चिट्ठी।
अपने अनन्त खालीपन में
यही एक काम किया मैंने—
हर तरह के दर्द की डगमग
स्वरलिपियाँ सीखीं।
मुझमे भी एक आग है
लिखती है जो कुछ-कुछ
हवा के फटे टुकड़े पर
और फिर उसको मचोड़ कर
डालती है टूटी खटिया के नीचे।
ये टुकड़े खोलकर कभी-कभी
माँ पढ़ती है

और फिर उसके चश्मे पर जम जाती
है धुंध।
यही एक बिन्दु है जहाँ आग मेरी
हो जाती है पानी-पानी।
ये मेरे बँधे हुए हाथ हैं अधीर।
ये कुछ करना चाहते हैं।
इनमें है अभी बहुत जांगर,
ये पहाड़ खोदकर बहा सकते हैं
दूध की धारा।
इनको नहीं होती चिन्ता
कि होगा क्या जो पहाड़ खोदे पे
निकलेगी चुहिया।
खुरदुरे और बहुत ठंडे हैं
ये मेरे बँधे हुए हाथ—
चुनी नहीं इन्होंने झरबेरियाँ अब तक
बुहारी नहीं कभी झुक कर
अपनी धरती की मिठास
आखिरी कण तक।
कभी कोई पैबंदवाला दुपट्टा
फैला ही नहीं सामने इनके
झरबेरियाँ माँगता हँसकर।
चाँद अब उतना पीला भी तो नहीं रहा—
उसके पीलेपन पर पर्त पड़ गई है
धूसर-धूसर !
उतनी तो चीकट नहीं होती
चीमड़ से चीमड़ बनिये की बही।
अनब्याही दीदी के रूप की तरह
धीरे-धीरे ढल रही धूप
भी उतनी धूसर, उतनी ही थकी हुई।

ऐ तितली, बोलो तो–
कितना है दूर रास्ता
आखिरी आह से
एक अनन्त चाह का ?
'चाहिए' किस चिड़िया का नाम है ?
यह कभी यह
तुम्हारे आँगन में उतरी है?
बैठी है हाथों पर ?
फिर कैसे कहते हैं लोग–
हाथ की एक चिड़िया
झुरमुट की दो चिड़ियों से बेहतर।
मलता हुआ हाथ
सोचता हूँ अक्सर–
क्या मेरे ये हाथ हैं
दो चकमक पत्थर ?

अनुपस्थित

वह जो कि है ही नहीं—सबसे सुन्दर है :
जैसे कि गर्माहट, प्यार-प्यार, खुशी और
उम्मीद।
एक बार फिर से हम बात करें—
खुशियों की, उम्मीद की ?
ताकि कुछ लोग तो सवाल करें—
वह कैसी थी ? कब आएगी फिर ?
वह जो कि है ही नहीं—सबसे सुन्दर है :
वृद्धा की कुटिया से अधिक शान्त,
नाले की परियोजना से भी ज्यादा उपयोगी
और मृतक की मुस्कान-सा अनन्त।
उस डाल की तरह निश्चिन्त
जिसका कि अन्तिम फल अभी-अभी टूटा।
यह देश भी कैदखाना है,
पर कैदखाने की भी बेहतरी के लिए
करनी है कुछ दौड़-धूप।
जाना वहाँ न जाने कहाँ,
लाना उसे न जाने किसे
एक बड़ा व्यवसाय है क्योंकि
वह जो कि है ही नहीं, सबसे सुन्दर है।
काँपती हुई खाली कुर्सी,
खड़कती हुई बन्द खिड़की,

दूर वहाँ गुजरती हुई रेल सुन्दर है।
जिसे कहीं जाना है, सुन्दर है वही,
वह जो कि है ही नहीं, सबसे सुन्दर है।
एक अनुपस्थित तारे के नीचे
बचपन की दूरबीन हेरा करती थी
ईश्वर की दाढ़ी में तिनका–
बादल में बिजली-सा छुपा पड़ा।
माचिस के डिब्बों के टेलीफोन सुनते थे
पोखर के तल पर सोये
कछुए की चुप्पी।
यह तो हमने अपना
पहला पका बाल कंघी में चूमते हुए जाना
मुरझाने की गन्ध होती है सबसे ज्यादा मादक,
खंडहर सबसे पुख्ता घर होते हैं–
उनमें रहते हैं तभी वे सब
जो कि कहीं भी नहीं रहते–
वह जो कि है ही नहीं
या फिर बचा हुआ है थोड़ा-थोड़ा
या फिर कुछ होने की प्रक्रिया में है–
सुन्दर वही है
और सौन्दर्यशास्त्र का
एक नियम है गजब-सा–
जो थोड़ा भी सुन्दर है, सबसे सुन्दर है।

भूख

गौतम के सूखे ओठों की पपड़ियों से
धूल-सी झड़ी थी मैं
एक कटोरी खीर में !
आम्रपाली मेरे गाँव की थी,
मेरे ही गाँव का एक बीजू वृक्ष था वह
जिसके नीचे नन्ही-सी टोकरी में
वह पड़ी मिली थी।
कहते हैं, पत्तों ने पाला था उसको,
वह आम के पेड़ की ही पाली थी !
बोधिवृक्ष उस आम के पेड़ से
थोड़ा छोटा ही था।
छोटी हमेशा पड़ जाती है
तृष्णा से तृप्ति !

दुर्भिक्ष में चूल्हा
एक फकीर की आँख-सा धँसा
जाँचता है गौर से मुझको, हँसता है !
एक अट्टहास की तरह फैल जाती हूँ मैं
हर तरफ !

कभी-कभी मैं बिस्तर में भी जगती हूँ—
एक दुःस्वप्न की तरह !
मुँह पर रखकर तलहथी

हँसती हैं दिन-भर की सब घुड़कियाँ !
तीन मिनट की ट्रैफिक लाइट के बाद
धाँय-धाँय, धक-धक—सब धूल-धुआँ।
वितृष्णा इसको ही कहते होंगे, भन्ते ! है न ?

मीटिंगों-क्लासों-सभाओं के बीच
गौरैया की तरह
अचानक उतरती हूँ !
पहले घंटे तो गौरैया ही रहती हूँ,
फिर बनने लगती हूँ चील की उठान !
खुदुर-बुदुर मेरी फिर
चुप्पी बन जाती है—
दंगों के दूसरे या तीसरे दिन के
मुहल्ला क्रिकेट-क्लब की चुप्पी !

मददगार नहीं, कोई दोस्त नहीं—
पर मेरी बात सुनी जाती है
तानाशाहों के फरमानों की तरह
टूअर विनय से !
'नजरिया की मारी मरी मेरी गोइयाँ' की ही नफासत से
करती हूँ काम तमाम !

मधुमेह के मारों की
उलटती अँतड़ियों में
भरपेट खाती हूँ कलाबाजियाँ
जब खाना पूरा नहीं मिलता !

दिन-भर की खटनी के बाद मिले
पाँच रुपैया की
एक मलाई बरफ लेता है

और मुझे बहलाता
घर आता है जब वो बच्चा,
बीमार आजी की खातिर बची होती है
उसकी सींकी में मलाई-बरफ जितनी–
उतनी ही मैं छोड़ देती हूँ स्पेस
प्यार-व्यार की खातिर
हर दिल में !

फालतू

बीरबहूटी-सा लाल,
'लाली-लाली डोलिया में लाली रे दुल्हनिया' !
'जित देखौं तित लाल' की लाली से लहालोट
था वह सूती लत्ता
जिसका घूँघट ओढ़े बैठे थे चुकूमुकू—
प्याऊ के जुड़वाँ घड़े
उस चौराहे पर !

लाल थे वे शरम से !
रंग ले रही थीं उन पर
बिसलरी की बोतलें—
पान दूकान पर सजी !

सोच रहे थे वे लजाते-लजाते—
'क्या अपने दिन लद गए ?'

कुल्फी का मटका भी कहता था—
"जाने को होती जो कोई जगह, जाते—चले जाते !
फूट जाते बनकर भाँड़ा ही !
काठ की हँड़िया की तरह
एक बार में ही नौ-छौ हो जाते !"

बैठे-बैठे कैसे हो जाता है
एक लकदक आदमी आलतू-फालतू—
बात ये समझ में नहीं आती।

इसपर फुटपाथ पर सजी
आमपन्ना की बूढ़ी मटकी

पूरे ठस्से से कहने लगी–
''फालतू कुछ भी नहीं और कोई नहीं !
खाली रिक्शों को अँगरेज
जोर से पुकारते थे–फालतू !
और फिर धँस जाते थे उनपर !
कहते हैं, पूरे मानवशरीर में
'एपिण्डिक्स' नाम की
छोटी-सी एक लिबलिबी
होती है बिना काम की–
पर एक बीया भी नारंगी का
उसका कन्धा छूकर देखे तो–
याद दिला देगी नानी, ऐसी सूजेगी !
यों ही कह देते हैं उन सबको फालतू,
जो कि नहीं होते, हो ही नहीं पाते–पालतू।''

देश

एक गुमसुम गुस्सा
उबल रहा है धीरे-धीरे
जैसे उबलते हैं
मुट्ठी-भर चावल
शरणार्थी शिविरों के बाहर–
मिट्टी की हाँड़ी में
लकड़ियों की आग पर–
धीरे-धीरे लेकिन लगातार।

जिनके लिए लिखी जाती हैं कविताएँ

जिनके लिए लिखी जाती हैं कविताएँ–
उनको नहीं होती फुर्सत
कविताएँ सुनने की,
पर उनके फावड़ों-हथौड़ों-कुदालों से कविता
घर के सबसे छोटे बच्चे की
लाड़-लपट पाती है।
वे उसकी अटर-पटर पर मुस्कुराकर
मुण्ड हिला देते हैं,
कई बार बिना सुने ही सवाल
        कह देते हैं हँसकर–
        'हाँ-हाँ-हाँ !'
आगजनी, बाढ़ और तूफान,
दंगे, महायुद्ध, वक़्त के थपेड़े
        वे अपने हाथों पर मलकर
        खैनी-चूने की तरह फाँक जाते हैं
बाज़ वक्त जब वे उठाते हैं सर
        काँप जाते हैं कलेजे
                चट्टानों के।

किनके लिए लिखी जाती हैं कविताएँ

जिनके लिए लिखी जाती हैं कविताएँ—
वे उनको समझते हैं बस इतना
जितना समझते हैं बंगाली मलयालम
या मलयाली बंगला !
पल्ले नहीं पड़ता जिसका कोई अक्षर—
उस भाषा का भी कुछ होता है रस-राग !
आकर्षण अबूझ वृत्तों के,
पाप-पुण्य अनकिए कृत्यों के
हमको पुकारते हैं
कभी-कभी रातों को
ऐसी शिद्दत से
जैसे कि मरी हुई माँओं को
सड़कों पर बेबात पिटते हुए बच्चे !

●●●